솔리튜드

※ 이 책은 요한 G. 치머만의 저서 《고독에 관하여 Über die Einsamkeit》(1784, 1785) 중 2부의 내용을 엮은 것입니다.
※ 모든 주석은 옮긴이 주입니다.

오롯이 나를 바라보는 고독의 시간

솔리튜드
SOLITUDE

요한 G. 치머만 지음
이민정 옮김

중앙books

차례

I. 서론
[7]

II. 고독의 동기
[29]

III. 고독의 단점
[91]

IV. 고독이 상상에 미치는 영향
[127]

V. 고독이 우울한 마음에 미치는 영향
[163]

VI. 고독이 열정에 미치는 영향
[201]

VII. 고독이 빚어낸 나태함의 위험
[281]

VIII. 글을 마치며
[295]

요한 G. 치머만의 생애
[334]

I
서론

SOLITUDE

고독이란 엄밀히 말해 행복과 직결되지 않을뿐더러 인간의 본성과도 거리가 멀다. 사람들은 말을 하고 감정을 나누며 오가는 정을 확인하고 기꺼이 도움을 주고받으려는 성향과, 이를 좇으려는 불가항력적 충동으로 고독을 뒤로하고 사회로 나온다. 또 이러한 성향에 힘입어 인간은 이성 간의 적절한 결합과 주변인들과의 친밀한 교류를 통해 현세의 궁극적 행복을 추구해야 함을 알아차린다. 이성의 가장 깊은 추론, 상상의 가장 높은 비상, 마음의 가장 섬세한 감수성, 과학의 가장 행복한 발견, 예술의 가장 귀중한 산물조차도 차갑고 쓸쓸한 고독의 영역에서는 미약하게만 느껴지고 불완전하게만 향유된다.

사실 무감각한 바위나 지나치는 바람과는 우리의 기쁨과 고통을 충분히 나눌 수 없다. 고독한 은자와 지독한 염세가의 빈 가슴에서 줄곧 터져 나오는 묵직한 한숨을 보라. 그 한숨이야말로 정서적 화합과 상호 간 애정이 수반된 지극한 사회적 즐거움의 결여를 나타낸다. 함께 기뻐하고 슬픔을 나눌 동지가 없을 때 우리의 마음은 한껏 가라앉고 만다. 동시에 자비로운 창조주가 인간의 기질을 형성하고 빚어낼 때 사회를 최우선적 충동과 가장 강한 이끌림의 대상으로 만들었음을 뚜렷이 느낀다. 이렇듯 현세에서 누릴 수 있는 최고의 행복이 사회에서 비롯됨은 전지전능한 신을 통해서도 지정된 바다. 하지만 사회에는 수많은 위험이 도사리고 있기에 이 본능적 성향을 좇아 행복해질지 비참해질지는 전적으로 각자에게 달렸다.

사회적 즐거움 추구

다른 모든 기쁨이 그러하듯 사회적 즐거움 역시 절도

있고 신중해야만 온전히 지속될 수 있다. 열정이 꿈틀대고 감상이 피어날지라도 이성이 제시하는 방향에 따라 미덕을 목표로 살아가야 한다. 모호하고 종잡을 수 없으며 무분별한 세속적 교류를 통해 행복을 구하는 자, 화려하고 무모한 데다 변덕스러운 자들과 어울리며 즐거움을 좇는 자, 축제와 휴양이 기쁨의 원천이라고 여기는 자라면 지속적이고 만족스러운 결과를 얻지 못한 채 안타까운 좌절과 직면할 따름이다.

> 심사숙고와 조절, 혹은 뚜렷한 취향도 없이
> 하찮은 남용에서 기쁨을 찾는 자
> 기쁨의 원천인 미덕에는 관심을 기울이지 않네.
> 생각은 복잡하나 편안함만을 좇으니
> 욕망의 고삐를 풀어버린 자
> 고통의 끝자락까지 즐거움을 밀어붙이네.
> 충동에 사로잡혀 열정이 이끄는 대로 움직이니
> 환희에 찬 삶을 살거나 아예 살아가지 않는 것과 같으리.

이 같은 방식으로 사회적 즐거움을 좇는다면 하늘이

특별히 인간의 마음에 부여한 자연스러운 열정을 이성적으로 충족시킬 수 없다. 사회에 대한 그러한 갈망은 인위적 욕구이자 습관적 열망으로, 이는 한없는 여유의 산물이며 허영심과 방탕으로 조장된다. 진실하고 근본적인 사회적 행복이라면 사랑과 우정을 통해 피어나게 마련이며, 가정과 같은 사적인 안식처 안에서 가까운 이들의 공감을 통해 제대로 누릴 수 있다.

애정 어린 교류는 무한한 기쁨의 원천이자 마음에 내리쬐는 영원한 햇살이다. 애정 어린 유대와 긴밀한 애착 관계를 맺어갈 상냥한 대상을 물색하느라 우리는 얼마나 열정적으로 노력하는가! 그러한 대상은 변함없는 지복을 우리에게 불어넣는 동시에 우리의 애정과 관심으로 행복을 키워간다. 이 같은 관계를 통해 친절하고 자애로운 마음의 성향은 또 얼마나 증진되던가! 우리는 이러한 성향을 바탕으로 가정 안에서 행복을 누릴 뿐 아니라 온갖 미덕에 눈을 떠 가장 강력한 최선의 영적 기운을 이끌어내는 것이다! 사랑과 우정에서 비롯된 순수하고 정다운 공감이 결여될 때 우리 인간은 극도의 감각적 쾌락이나 무관심에 빠지고 만다. 또한 자신의 능력을 향상시키지 않으며 주변을 기쁘게 하려는 열망조차 내던져 버린다. 반면 친절하고 자애로운 성향이 적절히 작용하여 이에 고무될 때 이성은 서로 각자의 힘을 발휘하고 재능을 함양하며 모든 지적 에너지를 가동한다. 더불어 상대의 행복을 증진시키려 노력함에 따라 스스로도 행복해진다.

그러나 부정적 상황에서는 성품이 좋은 사람이라 해도 마음과 이성이 이끄는 대로 선택을 단행하지 못하며 오히려 이성과 감성이 거부하는 쪽으로 빠져들고 만다. 대개 사랑이나 야망과 관련해 실망을 맛보게 되면 사람들은 사회에서 고독으로 내몰리곤 한다. 마음에서 우러난 애정과 다정함, 감성은 무정한 세상의 잔인함과 악의로 인해 찢기고 짓밟히기 일쑤다. 그러한 세상에서 악은 뻔뻔한 얼굴에 미덕의 가면을 쓴 채 예기치 못한 죄악의 덫으로 순수함을 유혹해 낸다. 하지만 사랑이나 야망을 이루지 못한 채 사회에서 물러나 침체된 영혼을 다잡고 혼란스러운 마음을 회복하려는 피해자들을 염세주의자로 낙인찍거나 반사회적 인물이라고 비난할 순 없다. 사실 사회적 행복에서 오는 기쁨은 그에 대한 극도로 지나친 열정으로 인해 소실될 수 있다. 다만 사람들과 함께하기 싫어 은둔하려는 자들은 자연스러운 일반적 공감 능력을 포기했거나 그것이 결여된 경우다.

현대 유럽의 문제

하지만 현대에는 그처럼 비정상적인 인물이 양산되기 힘들다. 전 세계적 풍조도 그러하지만 특히 유럽은 그 어느 때보다 강한 사교적 분위기를 띠기 때문이다. 급속히 번지고 있는 대중적 오락 문화는 사회 계층 전반에 파고든 듯하다. 자연히 사적인 삶과 관련된 즐거움은 일반적으로 혐오와 경멸의 대상이 되고 말았다. 가정적 사랑의 소박한 기쁨은 온갖 독설을 통해 평가 절하된다. 또 무의미한 방문이나 비상식적 모임에 시간을 할애하지 않는 자들은 사회의 일반적 동태에 반하는 검열관이나 적으로 간주되기 일쑤다.

이렇듯 사람들은 더없이 사교적인 듯하지만, 그들은 분명 그 어느 때보다 비우호적이며 다정하지도 못하다.

이 치명적인 습성은 계급이나 성별, 연령을 가리지 않고 모두를 파고든다. 유아들만 해도 제대로 말하는 법을 익히기도 전에 따분한 의식들과 수많은 사람들을 접하게 되고, 격식에 맞는 인사를 건네며 부모나 친구들을 마주해야 한다. 또 사람들은 건전한 활동과 신사적인 오락을 즐기는 대신 형식적인 카드 모임과 하찮은 접대로 시간을 할애한다. 도시의 풍습은 그 화려함은 덜하지만 훨씬 더 우스꽝스러운 모습으로 시골에서 재현된다. 마을마다 열리는 집회와 모임에서는 화려하게 꾸민 남녀가 서툰 웅장함 안에서 타오를 듯 빛난다. 성性의 매력적 순박함은 가식적 꾸밈으로 훼손되고 다른 쪽 성의 정직한 미덕이 방탕한 구애로 무너져 내려 양쪽의 열정이 지독하고 천박한 흥에 겨워 타오른다. 그런가 하면 지역의 근엄한 늙은이들은 6펜스짜리 카드 게임을 하고 카지노에서 시간을 보내며 자신의 성미를 시험하는 동시에 지갑을 비워나간다.

방탕한 정신은 유랑민들에게까지 퍼져나갔다. 독일의 집시들은 약탈을 위한 여정을 잠시 미뤄둔 채 매주 미리

정해둔 날 저녁에 한데 모여 독한 술과 담배를 즐기며 떳떳하지 못하게 약탈한 전리품들을 감상하곤 한다. 이러한 모임은 대개 방앗간 근처에서 이루어진다. 방앗간 주인은 집시들에게 은신처를 제공함으로써 재산을 약탈당하지 않고 지킬 수 있다. 그뿐만 아니라 그는 이웃 사람들과 그들이 벌인 일들에 관해 집시들이 재미로 들려주는 쓸데없는 이야기를 기억해 뒀다가 다른 날 밤에 찾아오는 무리에게 새로운 이야깃거리를 제공한다.

경솔하고 무분별한 모임을 통해 온갖 즐거움을 구하려는 자들은 정작 혼자서는 수준 높은 방식으로 즐길 줄 모른다. 이러한 성향의 인물들은 즐길 거리를 찾아 온갖 장소를 헤매지만, 자신과 가족들의 마음은 들여다보지 못한다. 마음을 제대로 돌보아야지만 사랑과 우정에서 비롯된 진정한 행복을 찾을 수 있는 법인데도 말이다.

즐거움을 좇다 지친 자는 영혼을 갉아먹는 무게에 짓눌린 나머지 흥에 겨운 공공장소나 자신만의 화려함을 찾아 헤맨다. 그러면 불만스러운 기분에서 벗어나 마음을 새로이 할 수 있을 거란 헛된 기대를 품고서 말이다.

그러나 아아! 그는 바라 마지않던 은신처에서 휴식을 구할 수 없음을 깨닫는다. 유희에 대한 끝 모를 욕구는 먹이를 삼키며 커져만 간다. 고독의 숲에서 그의 기쁨을 집어삼키던 기생충은 사람들로 잔뜩 붐비는 우아한 축제의 장까지 따라붙는다. 급기야 그는 끔찍이도 공허한 마음을 충족시킬 만한 것이라면 무엇이든 절실히 수용해 보지만, 그럼에도 남은 기력마저 소진될 따름이다. 그토록 치유하고자 했던 상처 역시 커져만 간다. 게다가 허구의 즐거움에 너무도 집착한 나머지 정작 행복을 거머쥘 수 있는 실질적 힘은 영영 잃고 만다.

반대의 경우

한편 보다 수준 높은 즐거움을 추구할 수 있는 이들도 늘 이러한 동요를 느끼곤 한다. 어쩌다 유행을 좇는 파티에 참석하게 되었을 때 이들은 호기심을 자극하거나 감정적으로 와닿을 만한 그 어떤 것도 포착하지 못하니까 말이다! 그곳에서 그들은 우정이나 존경심 따윈 일지 않는 자들의 경박한 언행에 시달릴 따름이다. 자만심에 부풀어 자신이 늘어놓는 말에 도취된 자는 온갖 헛소리로 주변 사람들을 성가시게 하는 법이다. 이런 상황에서 양식 있는 자가 어찌 그런 자에게 동조할 수 있단 말인가?

위대한 라이프니츠Leibniz의 하인은 그가 종종 교회에 앉아 무언가 써 내려가는 걸 목격하곤 했다. 그리고 그의 가정부는 그가 설교 내용을 면밀히 관찰하고 있다고 생각했다. 하지만 이 철학자의 이러한 모습을 그의 성격에 좀 더 부합하도록 설명하자면, 목사의 말에 더 이상 흥미가 일지 않을 때마다 그는 해당 주제에서 벗어나 자기만의 폭넓은 정신세계를 누빈 것이었다. 그러므로 다수의 사람이 스스로에게 싫증이 난 나머지 고독에서 벗어나 사회로 향하는 반면, 한쪽에서는 적지 않은 수의 이들이 시시한 사회적 방탕함을 피해 이성적 은둔으로 도피한다고 볼 수 있다.

나태한 정신은 스스로에게 권태를 느낄 뿐 아니라 타인들의 시각에서도 보아 넘기기 힘들다. 반면 능동적 정신의 경우 자신의 힘이 무한히 솟아남을 느낀다. 전자가 자신을 제쳐두고 즐거움을 좇을 때 후자는 마음의 소리에 가만히 귀 기울인다. 그리하여 세상과 교감하며 공연히 구해 보았던 행복과 늘 마주하게 된다.

따분한 삶에 지쳐 걸핏하면 무기력에 빠지고 마는 정신을 일깨우려면 머리와 마음 양쪽에 자극을 줘야 한다. 감각을 되살리고 마음에 흥미를 일게 할 무언가가 필요한 것이다. 그러나 스스로 즐거워지는 것보다 타인을 즐겁게 하는 편이 훨씬 더 힘든 법이다. 많은 이들이 즐거워지려는 기대를 품고 초조해 하지만, 정작 즐거움을 줄 수 있는 자는 많지 않음을 깨닫게 된다. 이러한 실망감은 욕망을 향한 열정을 키우는 까닭에 잔뜩 불안해진 사람들은 인파가 몰리는 장소로 모여든다. 그곳에서 그들은 시끌벅적하게 북적거리며 흥에 겨운 희열과 우아한 장식, 다채로운 의상, 빛나는 조명, 신나는 춤, 생기 넘치는 음악에 취함으로써 잠들어 있던 능력을 불러일으키고 침체된 정신적 감각을 흔들어 자극해 보려 한다. 이러한 장치들은 쾌락을 조장하는 도구로서 뚜렷한 노력이나 협동

없이도 일시적 효과를 낳곤 한다.

   반면 은둔을 통해 이끌어낼 수 있는 더욱 수준 높은 즐거움은 어느 정도의 지적 활동 없이는 제대로 누릴 수 없다. 실제로 많은 이들이 줄곧 이처럼 헛되고 공허한 쾌락을 좇다 타락하는 까닭에 지적 즐거움이라곤 즐기지 못한다. 지적 활동을 통해 얻어지는 기쁨은 일반 사회와는 전적으로 무관하며 독립된 개념이므로 평범한 사교 활동을 통해서는 기대하기 힘든 성향과 능력이 필요하다. 그러므로 은둔과 그에 수반되는 즐거움은 대중의 상스럽고 저속한 능력이 품기에 너무도 세련된 것이라 볼 수 있다. 흔히 대중은 열정의 이성적 통제와 정신력의 적절한 활용을 통해서만 얻을 수 있는 보다 고결한 부류의 즐거움을 누리지 못한다. 대신 그들은 지적 나태를 충족시키기 위해 사고할 필요 없는 오락거리를 선호하여 이를 택한다. 자연히 그런 성향의 사람들을 만족시킬 수 있는 건 격렬하고 떠들썩한 느낌뿐이다. 또한 나태한 시바리스Sybaris인들의 경우와 같이 그들이 느끼는 즐거움 역시 행복을 얻어내려 애쓰는 과정에서 겪게 되는 고통을 반영할 따름이다.

세속적 쾌락을 열망하는 자들은 그들이 추구하는 바를 좀처럼 이루지 못한다. 그리하여 현재의 쾌락에 만족하지 못한 그들은 좀 더 감동적인 만족감을 선사할 것만 같은 존재하지 않는 기쁨을 동경한다. 그들의 기쁨은 탄탈루스Tantalus(제우스의 아들. 신들의 비밀을 밝힌 죄를 지어 지옥의 물에 잠김)의 그것과도 같아서 늘 눈앞에 있지만 절대 거머쥘 수 없다. 결국 그러한 성향의 사람들이 벌이는 활동은 유익한 결과로 이어지지 못한다. 끊임없이 움직이지만 아무런 진전을 보지 못하는 것이다. 그들은 '느리기만 한 시간'에 박차를 가하다가도 정작 시간을 유용하게 쓰지 못했기에 시간이 쏜살같이 흘러가 버렸다고 탓할 따름이다. 즉 '시간이 흐르고 나서야 그 가치를 알아차리기에' 세월이 흐를수록 남는 건 커져 가는 불안감뿐인 것이다. 밝아오는 여명이 잠자리에서 뒤척이던 그들을 깨운다 해도 그들은 또 다른 하루를 어떻게 살아낼지 몰라 새로운 불안에 사로잡히고 만다. 따분함에 지친 그들에겐 계절의 변화도 색다르지 않다. 시간은 그렇게 한결같은 무심함과 불만 속에서 하릴없이 흘러간다.

우둔하고 타락한 자들이 좇는 사회적 즐거움은 불행하고 치명적인 결과를 수반한다. 그들은 오로지 자신들이 야기한 어리석음을 추구하고 악을 충족시킬 요량으로 사회적 즐거움을 좇기 때문이다. 그러나 지혜롭고 고결한 이들의 경우 수준 높고 이성적이며 숭고하면서도 만족스러운 사회적 즐거움을 누릴 수 있다. 사실 세상은 위대하고 고결한 행위를 행할 수 있는 유일한 무대이자 도덕적·지적 탁월함을 유용한 방향으로 달성할 수 있는 장이다. 선하고 지혜로운 자들로 이루어진 사회에서는 일과 관련된 염려와 생활에서 야기되는 근심 끝에 유쾌한 휴식이 주어진다. 더불어 값진 정보를 얻음은 물론 고결한 기분마저 느낄 수 있다. 그곳에선 경험을 통해 흥미롭고 인상 깊은 방식으로 지혜가 전달되며, 그 결과 능력이 향상되고 지식은 늘어만 간다. 또 청년층과 노년층은 상호 간의 행복에 기여한다. 그러한 사회에서는 성향이 확고해지는 한편 태도에 멋이 더해지며 지혜와 도덕성에 대한 바람직한 본보기가 단번에 제시된다. 오로지 그와 같은 사회에서 인간은 잠재된 신조를 이성적으로 실행하고자 하며 그에 따른 성공을 기대한다. 이 잠재적 신조를 지속적 자극으로 삼아 인간은 본래 도달할 수 있다고 여길 뿐 아니라 창조주도 구상해 보도록 허락한 지극한 행복을 추구하게 된다.

> 인간의 마음속에는
> 영묘함이 깃든 원자가 자리한다.
> 무언가를 만들어내는 힘과 지성의 빛,
> 하루의 시작을 알리는 온화한 햇살,
> 따스하게 끓어오르는 무언가가
> 젊은이의 마음을 일깨우고 영혼의 불씨를 일으키고,
> 저마다 타고난 힘을 발휘해
> 이상적 기쁨의 환영을 그러잡아야 한다고 이른다.

고독의 그늘

슬픔은 종종 불행에 사로잡힌 희생양들을 사회라는 소용돌이로 내몰아 한시름 놓을 수 있도록 한다. 가령 불시에 사망한 벗을 잃은 괴로움으로 가슴 아파하는 이들에겐 고독이 끔찍하기 그지없을 테니 말이다. 아끼던 이의 음성을 다시 들을 수만 있다면 온갖 세속적 기쁨마저 기꺼이 포기하고 말 이들이라면 더욱 그러할 것이다. 고요한 은둔 안에서 아름다운 화음처럼 귓전을 울리고 황홀하게 마음을 감쌌던 그 음성을 말이다.

또한 고독은 대중의 갈채를 통해 지극한 행복을 느끼는 이들에게도 끔찍하기 이를 데 없다. 그들은 모의와 거짓 미덕을 행하여 어느 정도 명성을 얻은 뒤 극심한 불안에 시달리며 거짓 명성을 유지해 나간다. 명성을 얻기 위해 이용한 부정한 수단과 그것을 쌓아 올린 허술한 토대를 의식하고 있기에 위태롭기만 한 명성을 앞에 둔 그들은 그것이 한순간에 무너져 내릴까 늘 전전긍긍한다. 그들은 다방면으로 긴장을 늦추지 않으며, 허울뿐인 틀을 지탱하려 권력 앞에 비굴하게 굽실댄다. 그뿐만 아니라 자만에 취하고 위인의 악에 발맞춘다. 질투를 살 만한 재능을 견책하며, 지지자들의 행동을 수치스럽게 하는 미덕을 조롱한다. 또 시대의 온갖 어리석음을 따르며, 그에 따라 발생하는 오류를 이용한다. 더불어 시대적 편견을 받들고 미신을 찬양하며 악을 옹호한다. 아마도 사교계에서라면 그러한 성향의 인물들을 최고의 지지자이자 벗으로 환영할 것이다. 하지만 그들에겐 은둔에서 오는 고요하고 평온한 기쁨이 따분하고 혐오스러울 따름이다.

사실 악한 행위로 인해 죄책감에 빠져들고 후회라는 독사에 가슴이 물린 자들이라면 고독이 배는 더 끔찍하게 다가올 것이다. 따라서 그들은 고독의 그늘에서 벗어나 세속적 쾌락의 장으로 몰려간다. 혼란스러운 사회 안에서 더럽혀진 양심의 통렬한 비난을 잠재울 수 있으리란 희망을 품은 채로 말이다.

실제로 고독은 그 달콤함과 혜택을 누리지 못하는 자들에 의해 종교와 마찬가지로 음울하고 불쾌한 색채로 표현되어 왔다. 자연히 많은 이들이 행복이라는 범주에서 고독을 제외해 버린다. 그러고는 단지 일시적 열정에 따른 괴로움을 경감시키거나 죄어오는 수치심을 감추기 위해 고독을 찾곤 한다.

하지만 상황이 그러하다 해도 달리 고독을 즐길 수 없

는 이들이 누릴 만한 이점도 분명 존재한다. 잘 조절된 고독이 선사하는 기분 좋은 위안과 만족스러운 기쁨을 잘 아는 자라면 진정으로 완벽한 기분을 즐기기 위해 은둔을 추구할 것이다. 종교를 통해 얻게 되는 확고한 이점을 이해하는 이들처럼 말이다. 은둔에서 오는 고요함이 그들의 기쁨을 풍부하게 하고, 그 끝없는 고요함으로 인해 그들은 행복의 충만함에 대해 논할 수 있을 것이다. 더불어 그들은 자신이 누리는 축복과 대비되는 세상의 온갖 고통을 부드러운 연민의 눈길로 바라볼 것이다.

…

정리하자면 사회적 관계는 우리의 내면에 강하게 작용한다. 사회적 추구가 적절히 통제된다면 우리의 정신과 태도, 마음을 개선하는 데 필요하다고 볼 수 있다. 그러나 우리는 분명 이성적 은둔을 위해서도 어느 정도의 시간을 할애해야 한다. 이따금 세속의 떠들썩한 쾌락과 무분별한 즐거움을 삼가는 자들을 무뚝뚝하다거나 성마르다고 단정 지어서는 안 된다. 또 세속의 떠들썩한 쾌락보다 고독에서 오는 고요한 즐거움을 선호하는 사람들을 비정상적이고 반사회적이라고 낙인찍는 일도 없어야 하겠다.

> 사유하는 자라면 볼 줄 알아야 한다.
> 인간은 본래 어둑한 그늘에 머무는 대신
> 역경에 맞서도록 빚어졌음을.
> 행동이야말로 그의 영역이며 행동하도록 탄생했으니,
> 그의 마음에 영원한 즐거움이 펼쳐지네.
> 이 멋진 희망은 열정적 영혼을 인도하니
> 삶의 거친 미로를 지나 머나먼 고지에 이르도록 하네.
> 따뜻한 불길을 일으키려 각각의 꿈은
> 화려한 부와 자랑스러운 명성에 색을 입힌다.
> 혹은 생각에 잠긴 침착한 눈이
> 고독한 가운데 내일의 하늘을 담는다.

II
고독의 동기

SOLITUDE

떠들썩한 사회적 기쁨을 고요하고 차분한 고독의 즐거움으로 바꾸게 되는 동기는 다양하고도 우발적이다. 그러나 그 최종적 사유가 무엇이든 간에 대개 그 동기는 현재의 제약에서 벗어나려는 데 있다. 그리하여 세상의 구속에서 벗어나 편안한 휴식의 달콤함을 맛보고 아무런 방해 없이 자유롭게 지적 능력을 행사하며 비웃음을 사지 않고도 종교적 의무를 이행하기 위함이다. 하지만 세속적인 자들의 부산한 활동으로 인해 많은 이들이 이러한 동기를 느껴보지 못하며 그에 따라 방해받지 않는 삶의 달콤함도 맛보지 못한다. 사실 그들이 추구하는 즐거움은 그 지향하는 바가 매우 다르다. 그리고 은둔을 정말로 사랑하는 사람은 극히 드물기 때문에, 고독을 진정으로 좋아하는 이는 인간보다 더 위대하거나 인간 이하일 수밖에 없다는 베룰럼Verulam(프랜시스 베이컨의 별칭) 경의 통찰은 일리가 있다. 분명한 것은 지혜롭고 고결한 자는 은둔 속에서 드물게 나타나는 특별하고 빛나는 인격을 발견하는 반면, 악하고 무지한 자는 그 무게에 짓눌려 자신의 본래 수준보다 더 아래로 가라앉는다는 사실이다. 독립적 삶을 고결하게 좇는 자는 은둔을 통해 신조를 더욱 굳건히 하게 되지만, 단순히 새로움과 변화를 바라는 마음에서 은둔을 택하는 자라면 그 일관성만 더 떨어질 따름이다.

고독이 유익한 과정이 되려면 정신력과 감수성이 동등하게 작용하여 상호 간 조절이 가능해야 한다. 나약한 지성이 순간적 감정과 만나게 되면 그 소유자를 세속적 쾌락의 혼동 속으로 내몰 것이며, 생기 없는 무신경함과 섞일 경우엔 그를 세상과 격리된 수도원으로 이끌 것이다. 그러므로 고독이든 사회든 양쪽 다 극단적으로 추구한다는 건 해로운 법이다.

낙담, 혹은 쾌락의 추구

강한 수치심과 깊은 양심의 가책, 과거의 어리석음에 대한 후회, 꺾여버린 희망에서 오는 굴욕감, 건강상 문제를 일으킬 정도의 낙담은 종종 정신적으로 지대한 영향을 미치고 마음속 에너지를 파괴한다. 그렇게 되면 우리의 영혼은 누군가 다가오려 하면 물러서게 되고 고독의 그늘에 파묻혀 내내 침울함과 번민에 시달릴 따름이다. 이 경우 은둔하고자 하는 마음은 스스로 즐거움을 누리겠다는 꿋꿋한 정신에서 비롯된 것이 아니다. 대신 그것은 무자비하고 무분별한 세상의 비난과 무관심을 마주해야 할 것이라는 두려움에서 기인한다.

세속적 쾌락을 과도하게 탐닉하다 혐오감이 일게 되면 종종 일시적으로 고독을 추구하고 싶어진다. 이러한 성향을 지닌 이의 어둡고 음울한 본성은 사실상 왕좌의 화려함이나 철학의 밝은 빛으로도 밝혀 없앨 수 없는 것이다. 근엄하고 성마른 헤라클레이토스Heraclitus는 불만스러운 마음을 충족시키려는 헛된 희망을 품고 인간에 대한 반감을 품었으며, 그렇게 그는 모든 사회적 즐거움과 안락함을 포기했다. 그에 앞서 타이먼Timon이 그러했듯 결국 그는 사람들을 피해 고산 지대로 숨어들었다. 그렇게 그는 문명사회가 선사하는 온갖 안락함을 뒤로한 채 거친 땅의 산물인 야수가 들끓는 사막 한가운데서 여러 해를 보냈다. 이 같은 기질은 병든 지성과 어수선한 감성에서 비롯되며, 이는 진정한 즐거움이 샘솟는 섬세하지만 확고한 마음의 상실을 의미한다.

다양한 감각과 열정, 정신적 충만감을 전부 경험한 후 그 쾌락의 헛됨을 홀로 한탄하며 삶의 낙관적 대상들을 죄다 무심하게 보고 넘어가는 자가 있다고 치자. 그러한 인물이야말로 세속적 쾌락의 무절제한 추구와 관련된 안타까운 결과를 보여주는 슬픈 예라 할 수 있겠다. 아마도 그는 더 이상 자신에게 기쁨을 선사하지 못하는 사회를 버리고 떠날 것이다. 하지만 그는 이성적 고독을 제대로 즐길 수도 없기에 그것을 경험하지 못할 것이며, 짐승처럼 잔혹한 세계로 도피하는 것만이 유일한 자산일 터다.

    실제로 나는 그간 풍요롭기 그지없는 귀족들과 왕자들이 야망의 성공적 실현과 높은 지위, 방대한 부, 다채로운 쾌락이 자아내는 화려함에 젖어 지나친 탐닉의 애처로운 희생양으로 전락하는 걸 지켜봐 왔다. 그들은 자신들의 영광에 넌더리를 냈고, 정작 영혼을 더 즐겁게 해줄 것만 같은 모든 즐길 거리를 불만스러워했다. 하지만 그들은 부패한 쾌락의 장에서 흘러나온 그 모든 관념보다 훨씬 뛰어난 것들로 기꺼이 마음을 풍요롭게 했다. 또한 고독을 통해 찾은 고요함과 평온함으로 동요된 마음을 진정시켜 감정을 쉬게 할 줄 알았다. 물론 이러한 인물들은 자신들의 높은 신분을 둘러싼 환경으로 인해 잠시 지나친 즐거움에 빠지기도 했다. 그러나 그들은 단순한 일을 즐길 줄 알았다. 더불어 과거 정치적 모의와 전장에서의 적대적 영광, 혹은 사치의 나른한 탐닉을 좇을 때만큼이나 평온함이 가져다주는 즐거움을 만족스럽게 누릴 줄 알았다. 따라서 그들은 방탕한 삶에 사로잡힌 이들의 고통을 고조시키기만 하는 사유들에서도 위로와 위안을 이끌어낼 수 있었다.

은둔을 향한 모습들

일시적 은둔이나 완전한 고독으로 인간을 이끄는 동기란 실제로 헤아릴 수 없이 다양하다. 섬세하고 민감하게 미덕에 반응하는 자들은 세상의 온갖 악과 어리석음을 마주할 때 느끼는 고통을 피하고자 종종 사회에서 벗어나려 한다. 그런가 하면 적극적이고 활발한 이들은 자신의 능력을 자유롭고 온전히 누리는 데 걸림돌이 되는 떠들썩한 사회적 관계라는 장애물을 피해 이따금 은둔을 택한다. 어찌 되었든 고독을 택하고자 하는 의향은 전부 정신적, 신체적 자유에 대한 사랑을 토대로 하며, 이는 곧 모든 제약과 방해로부터 자유로움을 추구함이다. 하지만 그러한 의향을 드러내는 형태는 각 개인의 성향과 상황에 따라 매우 달라진다.

본래의 성향과 다른 일을 하느라 바쁜 자들은 늘 한탄하며 은둔을 꿈꾼다. 그렇게 해야지만 지친 영혼을 다잡고 안락한 휴식을 취할 수 있기 때문이다. 그들은 오로지 평온한 광경을 통해 즐거움을 떠올릴 수 있다. 사실 고결한 마음을 품은 이들은 종종 고상한 사명감 때문에 개인적 즐거움을 모두 포기하곤 한다. 게다가 그들은 용기를 발휘해 온갖 장애물에도 굴하지 않는다. 더불어 적극적 자선과 선행에서 비롯된 낙관적 정서와 자랑스러운 기쁨을 바탕으로 온갖 역경을 굳세게 견뎌낸다. 비록 그들이 혜택을 주고자 한 이들에 의해 수행하던 일이 좌절될지라도 말이다. 고통받는 사람들의 괴로움을 덜어줄 수 있다는 기분 좋은 생각은 아무리 심각한 난관이라도 감수할 수 있도록 하며, 비록 성과가 없을지언정 거듭 새로운 시도를 하도록 한다. 또 인류의 이익을 증진하고 행복을 개선하고자 하는 자들이라면 누구나 피해 갈 수 없는 아주 힘든 갈등 상황도 견뎌낼 수 있도록 한다. 그러한 갈등 상황은 특히 부자와 위인들의 오만함과 방탕함, 무지하고 무신경한 자들의 아집과 변덕을 마주할 때 야기된다.

그러나 가장 도덕적이고 침착한 이들도 항상 '거대한 난관을 견뎌 내거나 맞서 싸워 그것을 종식시킬' 순 없다. 일시적 역경 앞에 의기소침해진 그들은 자신이 처한 상황의 잔인함을 탓하며 평화와 평온함을 꿈꾼다. 나라의 중대사를 열심히 돌본 후 권태로운 공직에서 물러난 위대하고 선한 정치인이 누릴 즐거움은 그 얼마나 클 것인가! 그는 취향에 맞는 작품들에 둘러싸여 공상과 상상의 나래를 펼치며 즐거운 은둔 생활이 선사하는 고요함으로 지친 마음을 회복한다. 그가 마음을 새롭게 하기 위해서는 진지하고 중대한 업무에서 벗어나는 것뿐 아니라 일상적으로 느긋하게 삶의 재미를 느끼는 것까지, 그러니까 환경적, 정서적 변화가 모두 필요한 것이다. 무릇 즐거움이란 현재의 것과는 다른 차이에서부터 비롯된다. 제아무리 매력적인 대상도 자꾸 보다 보면 그 매력의 빛을 어느 정도 잃게 마련이다. 따라서 세속적 즐거움과 은둔의 기쁨 모두를 제대로 누리려면 사회와 고독을 오갈 필요가 있다.

고요한 삶과는 거리가 멀었던 저명한 파스칼Pascal은 고요함이 인간의 순수한 본성에서 나왔으며, 고독과 평온함 가운데 지극한 행복이 자리한다고 말한 바 있다. 실제로 평온함은 모두가 바라는 바다. 선한 이들은 미덕의 길을 추구하면서, 위대한 이들은 영광의 별을 좇으면서,

그리고 저속한 자들은 방탕의 늪을 허우적대면서 평온함을 꿈꾼다. 그리고 언젠가는 그 평온함에 이르기를 희망하며 이를 궁극의 목표로 삼는다. 흔들리는 높은 돛대 위의 선원은 폭풍이 몰아치는 바다를 가르며 소용돌이치는 파도를 바라본다. 그러고는 고대하던 해안에 닿았을 때 비로소 누리게 될 평온한 안도감을 떠올릴 것이다! 왕들도 자신이 부리는 멋진 노예들에 점차 싫증이 나고, 귀족들 역시 높아져만 가는 위엄과 위상이 역겨워지기도 한다. 즉 아무리 위대하고 훌륭한 자라 할지라도 실질적으로 누리고 있는 세속적 즐거움을 통해서는 기쁨을 덜 느끼는 법이다. 대신 그들은 자신의 지위를 포기하고 은둔할 수 있길 꿈꾼다.

… 어느 고요한 외딴곳으로 숨어들어 가니
모든 걸 잊은 세계, 그리고 잊히고 만 세계.

지칠 줄 모르고 야망을 품었던 피로스Pyrrhus는 자신이 이룬 진취적 정복에 대한 최고의 보상으로 편안함과 평온함을 바랐다. 프리드리히Frederick 대왕은 편안함에 대한 관념이 자신을 얼마나 기쁘고 만족스럽게 하는지 의도치 않은 순간 깨닫게 된다. 어느 날 영광스럽고 괄목할 만한 승리를 거둔 직후 그는 전장에서 이렇게 외쳤다. "이로써 내 모든 근심이 종식되었길!" 요제프 황제Joseph II 역시 평온함과 은둔을 향한 강한 열정을 드러낸 바 있다. 어느 날 그가 독일의 유명한 보행자 그로테우스 남작Baron Grothaus 에게 다음 여행지가 어느 나라인지 묻자 남작은 여러 나라를 재빨리 열거했다. "그러고 나면 어찌할 텐가?" 황제가 질문을 계속했다. "그러고 나면 말입니다." 남작이 대답했다. "고향으로 들어가 시골에서 조용히 지내며 물려받은 땅이나 일궈 볼 참입니다." 그러자 황제는 이렇게 말했다. "아, 나의 벗이여. 만일 그대가 안타까운 경험을 한 자의 말에 귀 기울인다면, 부디 여행일랑 제쳐두고 너무 늦기 전에 고향의 고요함과 평온함 속으로 들어가 은둔하는 편이 좋을 걸세."

아프리카누스Africanus라고도 불린 푸블리우스 스키피오Publius Scipio는 로마 최고의 권한을 부여받아 제국의 중대사에 직접적으로 관여했지만, 기회가 닿을 때마다 공적인 시선과 장소에서 물러나 평화로이 사생활을 누렸다. 그는 툴리Tully가 그러했듯 문학과 철학에 관한 우아한 업무에 전념하지 않았으나, '그는 혼자일 때 가장 외롭지 않았다'라고 말했다. 플루타르크Plutarch에 따르면 당시 덕스러움과 권력이라는 두 가지 측면 모두에서 스키피오는 로마인 중 단연코 일인자였다. 하지만 그는 최고 전성기에 오른 시점에서 스스로 영광의 장을 떠나 리터눔Liturnum 인근의 아름다운 숲속 별장으로 조용히 숨어들었다. 그곳에서 그는 철학적 평온함을 누리며 길고 화려한 삶의 끝자락을 마무리했다.

거대한 권력을 지녔던 키케로Cicero는 시민들에 대한 자신의 영향력이 최고조에 달한 시점에서 자기 고장의 쇠퇴와 맞물려 튀스쿨룸Tusculum에 자리한 별장으로 물러났다. 거기서 그는 자신이 아끼던 도시의 앞날을 개탄하며 차분히 고독에 잠긴 채 비통한 마음을 잠재웠다.

아우구스투스Augustus 황제가 총애한 명랑하고 품위 있는 호라티우스Horace는 왕의 총애가 한창이던 시기에 귀족들과 왕실의 유혹을 뿌리치고 알부네아Albunea 호수 근처 티부르Tibur의 한적한 별장에 들어가 아름다운 자연과 더불어 사색에 잠기며 행복한 나날을 보냈다.

그러나 디오클레티아누스Diocletianus 황제만큼 말년을 기품 있게 보낸 인물은 찾아보기 힘들다. 그는 최고 권력을 달성하고 활용하는 데 있어 철학적 가르침을 실천한 적이 없었으며, 재위 중 끊임없이 성공적인 성과를 거두었다. 그럼에도 그는 재위 21년째 되던 해 퇴위라는 인상적 결단을 내리고 이를 단행했다. 이로써 그는 황제로서 사임한 최초의 사례로 남았지만, 후대 군주들이 그의 예를 따르는 일은 흔하지 않았다. 당시 디오클레티아누스는 59세에 지나지 않아 정신적으로도 온전했지만, 온갖 반대를 극복하고 계획한 바를 실행했다. 사실 바쁜 삶과 수많은 전쟁, 기나긴 여정, 황제로서의 정신적 부담감, 업무에 대한 전력투구는 그의 건강을 해쳤고, 채 노년에 이르기도 전에 그를 병약하게 만들었다. 이에 그는 명예롭게 휴식을 취하며 남은 생을 보내기로 하고, 자신의 영광을 접어둔 채 보다 젊고 유능한 자들에게 세상의 무대를 넘겼다.

그의 퇴위식은 니코메디아Nicomedia에서 5킬로미터가량 떨어진 광활한 평원에서 거행되었다. 황제는 우뚝 솟은 왕좌에 올라 그 특별한 행사에 모인 사람들과 병사들을 향해 자신이 뜻한 바를 차분하고 기품 있는 어조로 공표했다. 이후 그는 용포를 벗자마자 군중의 시선을 뒤로하고 그곳을 떠났다. 그는 덮개가 있는 마차를 타고 도시를 가로질러 고향인 달마티아Dalmatia에서 봐둔 은신처로 지체없이 내달렸다. 천민 출신으로 황위에 오른 황제는 인생의 마지막 9년을 살로나Salona에서 홀로 보냈다.

이성의 목소리에 이끌려 은둔을 택한 그는 만족스러운 듯했다. 이 시기에 그는 세상의 권한을 물려준 군주들로부터 존경받았다. 일반적으로 오랫동안 일해 온 이들은 좀처럼 자기 자신과 대화할 줄을 모른다. 또 권력을 잃고 나서는 대개 할 일이 없다는 사실을 유감스러워한다. 문학과 종교의 즐거움이 고독한 가운데 크나큰 자양분이 된다 해도 디오클레티아누스의 관심을 끌진 못했다. 대신 그는 가장 순수하고도 자연스러운 즐거움에 대한 취향을 고수했고 오래지 않아 그 취향을 되살린 듯했다. 즉 그는 시간이 날 때마다 건축과 화초 재배, 정원 돌보기에 몰두한 것이다.

그가 막시미아누스Maximian에게 건넨 대답은 꽤나 유명하다. 어느 날 초조해진 막시미아누스는 그가 다시 복귀해 정부 통치권을 장악하도록 요청했다. 디오클레티아누스는 안타까운 듯 미소를 지으며 그의 유혹을 거절했다. 그는 만일 자신이 살로나에서 손수 기른 양배추를 막시미아누스에게 보여줄 수 있다면 현재의 행복을 포기하고 권력을 좇도록 종용당하는 일은 더 이상 없을 거라고 차분히 말했다. 또 그는 벗들과의 대화 중에 종종 나라를 통치하는 일이야말로 가장 힘든 일임을 시인한 바 있다. 그는 자신이 흥미로워하는 해당 주제에 대해서는 오로지 경험에서 우러나왔을 법한 열정을 담아 의견을 피력했다.

"네댓 명의 장관들이 합심하여 군주를 속이기로 모의하는 일은 얼마나 빈번하던가! 높디높은 위엄으로 인해 사람들로부터 고립되어 지내니 진실은 감춰져 알 길이 없다. 그는 오로지 그들의 시선으로 세상을 바라보고 와전된 내용만 들을 뿐이다. 나아가 최고 요직을 악하고 나약한 자들에게 줘버리고, 신하들 중 가장 덕스럽고 자격 있는 이들은 실각시킨다. 결국 이처럼 품위 없는 행동으로 인해 가장 유능하고 지혜로운 귀족들조차 궁정 내 부패에 넘어가 버린다." 위대함에 대한 공정한 평가와 불멸의 명성에 대한 확신이 있다면 은둔에서 오는 즐거움은 더욱 커지는 법이다.

다른 경우들

제노비아Zenobia는 팔미라Palmyra와 동방의 유명한 여왕으로 아시아의 기후와 풍습으로 인해 여성에게 강요된 비굴한 나태함을 그 천재성으로 극복했다. 가장 아름답고도 대담한 여성이었던 그녀는 아라비아와 아르메니아, 페르시아 전역에 무력을 확산시키고 로마 제국의 군대마저 두려움에 떨게 했다. 안티오크Antioch와 에메사Emesa에서 두 번의 큰 전쟁을 치른 후 결국 그녀는 아우렐리아누스Aurelian 황제의 유명한 포로가 되었다. 그러나 정복자는 이 시리아 여왕의 성별과 아름다움, 용기와 빼어난 자질을 존중해 그녀를 살려뒀을 뿐 아니라 로마에서 30킬로미터 떨어진 티부르Tibur 혹은 티볼리Tivoli라 불리는 곳에 자리한 아름다운 저택까지 하사했다. 그곳에서 그녀는 행복하고 평온한 가운데 호머Homer의 고결한 이미지와 플라톤Plato의 고귀한 교훈을 양분 삼아 원대한 영혼을 채워 나갔으며, 불굴의 용기와 체념을 밑거름으로 운명적 역경을 견뎌냈다. 더불어 그녀는 야망에 수반되는 온갖 불안조차 철학이 선사하는 편안함과 위로로 대체될 수 있음을 깨닫게 된다.

샤를 5세Charles V는 자신의 동생인 로마 왕에게 제국의 정부를 넘겼고, 독일의 복종과 충성에 대한 권한까지 전부 양도했다. 그는 오래도록 소망해 온 은둔을 더 이상 제지당하고 싶지 않았던 것이다. 그에 앞선 수년 전, 바야돌리드Valladolid에서 플라센티아Placentia로 향하던 중 에스트레마두라Estremadura에 당도한 그는 성 유스토St. Justus 수도원의 멋진 지리적 위치에 탄복하고 말았다. 그 수도원은 성 제롬St. Jerome 수도회 소속으로 마을에서 멀지 않은 곳에 자리했다. 그는 동행한 이들에게 디오클레티아누스 역시 기쁜 마음으로 그곳에서 은둔했을 거라 말했다고 전해진다. 당시에 받은 인상을 마음속에 간직하고 있던 그는 그곳을 자신의 은신처로 삼기로 했다. 성 유스토 수도원은 그리 넓지 않은 지대의 계곡에 자리했다. 작은 개울이 흐른 그곳은 우뚝 솟은 키 큰 나무들이 무성한 언덕들로 에워싸여 있었다. 더욱이 그 지역은 토양의 성질과 특유의 기후에 따른 온도 덕분에 스페인 내에서도 가장 건강에 이롭고 멋진 지역으로 호평받았다.

  사직을 앞둔 몇 개월 전 그는 따로 건축가를 보내 수도원에 자신의 새 거처를 마련하도록 했다. 그는 이전에 자신에게 부여되었던 위엄이 아닌 현재의 지위에 적합한 방식으로 건물을 꾸미도록 엄밀히 지시했다. 그 결과 그의 거처는 단 여섯 개의 방으로 이루어졌으며, 그중 네 곳은 수사들의 수도실을 연상케 한 데다 벽에 칠이 되어 있지 않은 형태였다. 나머지 두 개의 방에는 각각 갈색 천이 드리워져 있었고, 가장 간소한 가구들이 배치되었다. 방들은 전부 1층에 자리했으며, 집 한쪽에는 샤를 5세가 직접 구상한 정원으로 통하는 문이 있었다. 그는 정원에 다양한 식물을 심었고 그것들을 손수 일구려 했다. 거처의 다른 한쪽은 수도원의 예배당으로 이어져 그가 기도를 올릴 수 있도록 되어 있었다. 이 소박한 은신처는 대중과 동떨어져 생활한 신사가 지내기엔 충분히 안락해 보이지 않는 거처였지만, 샤를 5세는 고작 열두 명의 하인만 집에 들였다. 그는 그곳에 기거하며 거의 반세기 동안 전 유럽을 두려움과 혼돈의 도가니로 밀어 넣었던 자신의 위엄과 야망, 그 모든 원대한 계획을 고독과 침묵 속에 묻었다. 한때 유럽의 모든 왕국이 그의 무기 앞에 차례로 공포에 떨었으며 그에게 정복당할까 두려워했다.

사임과 은둔에 관한 이러한 예들은 관련된 여러 추가적 사례와 더불어 자유롭고 한가로이 살아가고자 하는 욕구야말로 인간이 지닌 가장 강력한 정서임을 충분히 입증한다. 또한 신중하고 이성적으로 고독을 활용한다면 고독은 그것을 누리기까지 희생된 모든 것들을 충분히 보상함을 드러낸다.

사회를 등지게 만드는 질병

그러나 반사회적 성향을 유발할 만한 다른 매개도 여럿 존재하며 이는 충분히 고려해 봄 직하다. 히포콘드리아hypocondria(질병에 대해 지나치게 걱정하고 두려워하는 심리 상태. 이로 인해 불안과 스트레스가 발생하여 사회 활동을 피하게 됨)라는 끔찍한 병만 해도 종종 불행한 환자로 하여금 사회를 회피하도록 만들 뿐 아니라 사람과의 만남조차 두려워하게 한다. 마음의 상처는 이보다 더 끔찍한 병으로 인간에 대한 반감을 증폭시킨다. 또한 근거 없는 중상中傷에 대한 두려움 역시 나약하고 실의에 빠진 이들을 무명無名이라는 가상의 은신처로 내몬다. 진실한 감정을 잘 드러내는 강하고 정직한 인물들도 진실의 목소리를 차분히 듣지 못한다는 생각에 세상을 혐오한다. 상습적 오류를 고수하는 아집과 뿌리 깊은 욕정을 맹렬히 탐닉하는 모습, 그리고 어리석음에 대한 깊은 후회와 악함에서 비롯된 두려움은 종종 우리를 그들과 멀어지게 한다.

그런가 하면 과학에 대한 사랑과 예술의 애호, 불멸의 천재적 작품에 대한 애착은 많은 이들로 하여금 주변의 일상적 소식을 알아야 한다는 불안에서 벗어날 수 있도록 한다. 더불어 시끄러운 세상의 무의미한 관습에서 멀리 떨어져 홀로 조용히 지내면서 진실한 감정을 드높이고 참된 철학의 원리를 마음에 비축하도록 한다. 많지 않겠지만 간혹 강한 종교적 의무감에 매료되어 자신이 실천하는 바와 사회생활에서 비롯된 대부분의 인위적 기쁨이 크게 모순됨을 느끼는 이들도 있다. 그들은 부패의 장에서 물러나 신성한 고독 속에서 변함없이 순수하고 무한히 선한 존재의 속성을 고찰한다. 그렇게 함으로써 그들은 신의 뜻에 순종함의 중요성과 선에 뒤따르는 보상의 가치, 그리고 죄의 처벌에 대한 두려움을 마음속 깊이 심어둔다. 그 결과 세속적 바람이나 두려움이 자아낸 온갖 유혹을 이겨낸 그들은 기쁨과 슬픔에 모두 대처할 수 있게 된다. 또 야망의 유혹을 단번에 물리치고, 불행의 위협에 맞서 나아갈 수 있다.

히포콘드리아로 인해 실의에 빠진 자는 사회적 즐거움을 회피할 뿐 아니라 그 어떤 즐거움도 아예 느끼지 못하게 된다. 따라서 이 불행한 환자는 고독을 구하지만 그

안에서 더욱 외로워질 따름이다. 이 끔찍한 병의 파급력은 실로 어마어마해서 치료에 대한 희망을 전부 파괴할 뿐 아니라 치유에 효과가 있다고 알려진 노력 행위마저 저지한다.

> 화라는 그릇된 마음의 성향을 치유하기 위해
> 어떤 이는 볼링을 권하고
> 또 어떤 이는 언덕을 산책하라 하네.
> 모두 다 몸을 움직여야 하지.
> 고작 돌 하나에도 거인이 쓰러지는 법.
> 원숭이들은 웃고 치유될지니.
> 화병에 탁월한 의사들.
> 고양이들도 기분이 좋을 땐
> 화 따윈 웃어넘기지.

그러나 아! 마음은 모든 즐거움을 차단해 버리고 정신은 모든 환희를 묵살한다. 기쁨이 헛되이 팔을 벌려 그를 맞이하려 하지만, 그는 포옹을 피하고 만다. 가볍고 떠들썩한 기운은 음울하고 혼란스러운 그의 마음에 우울함만

더할 뿐이다. 상냥하고 다정한 벗이 적극적인 대화와 사회적 교류를 통해 그의 마음을 달래고 기분을 바꿔보려 하지만 그에겐 그마저도 거만하고 부적절해 보인다. 그의 영혼은 실의에 빠지고 능력은 둔해진다. 즐거움에 대한 감각도 소멸된다. 달콤한 향기가 묻어나는 매력적인 공기와 가장 생생한 기쁨마저 그에겐 유독가스처럼 여겨진다.

> 그의 수심 어린 영혼은 쓸쓸한 숲을 찾고
> 밤이면 이리저리 숲을 헤매네.
> 멀리 보이는 구슬픈 달,
> 고개를 드니 고요히 빛이 부서지네.
> 여기저기 나무들 사이를 희미하게 비추니
> 어둠은 더욱 짙어지네.

육체적 균형마저 무너진 데다 건전한 벗들이 느끼는 감정에 유쾌하게 녹아들지 못함을 인식한 이는 구슬프게도 타락하여 여위어 간다. 마냥 혼란스러운 그에겐 주변의 모든 대상들이 적대적이며 죄다 형체도 없이 퇴색된 것만 같다. 부드러운 동정의 음성조차 그에겐 불쾌하고 공허하게만 들려 거슬리기 그지없고, 모욕적인 어투로 자신을 비난하는 것처럼 여겨진다. 그는 히포콘드리아라는 그 끔찍한 병에 줄곧 시달리지만, 잔인하고 무심한 세상은 개탄스러운 병의 양상을 너무도 빈번히 조롱하고 경멸하며 스스로 유발한 그 상처를 끊임없이 벌려 젖힌다. 괴로운 영혼은 사회적 기쁨과 유쾌한 즐거움의 장을 떠나 은둔함으로써 그 슬픔을 가리고, 그렇게 오래 인내하며 예기치 않게 찾아들 죽음을 기다린다.

세상을 참을 수 없기에

그릇된 견해와 왜곡된 성향, 그리고 세상에 대한 뿌리 깊은 편견은 때때로 인간으로 하여금 사회를 떠나 홀로 은둔하며 순수와 진리의 즐거움을 추구하게 한다. 존경할 수 없는 자들과의 교류에 무관심한 그들은 자연히 스스로 그린 최고의 행복이 녹아든 장으로 마음이 기운다. 자유롭고 독립적인 영혼을 지녔기에 스스로 사고하는 자, 시시각각 변하는 세상의 관념에 맞춰 자신의 감정과 견해를 조작하려 들지 않는 자, 성격이 솔직하여 남들이 자신의 생각에 따라야 한다고 여기지 않으며 동시에 타인의 성급한 관념을 절대적으로 따르지 않을 만큼 확고한 자, 공정하고 신사적인 감정을 함양하며 과학적 진리를 추구하는 자라면 마땅히 타락한 무리와 거리를 두고 은둔에서 즐거움을 구해야 한다. 자신의 생각을 기꺼이 따르고 스스로의 논리와 분별력을 바탕으로 생각을 정립하며 진심으로 느끼는 감정만 표현하는 이들에게는 빌려온 판단력과 허울만 그럴듯한 문학, 근거 없는 원칙이 난무하는 사회란 그저 무미건조할 뿐 아니라 도덕적으로도 위험할 따름이다. 확고하고 고결한 자는 저속한 편견의 비굴한 멍에 앞에 고개 숙이길 거부하며 감각과 이성이라는 보다 고차원적인 재판에 호소함으로써 자신의 견해를 뒷받침한다.

또 그들은 도도한 비평가들의 편파적이고 부적격한 문장들도 가까이하지 않는다. 그러한 비평가들은 스스로 자격을 갖추지 못한 상태에서 그 중요성과 순도를 인정받은 작품의 실질적 가치를 평가절하한다. 그리고 비도덕적이며 화려하게 치장한 자신들의 작품으로 그 자리를 대신하려 한다. 그렇게 자신의 위치를 조작해 낸 자들은 강좌講座를 차지하고 앉아 재능과 취향, 감각이 돋보이는 온갖 작품들을 질투와 악의에 찬 눈초리로 바라본다. 그들의 이해관계는 모든 숭고하고 우아한 작품들의 파괴와 긴밀히 엮여 있기에 그러한 작품이 등장하는 순간 그들은 소리 높여 고함을 질러댄다. 가치를 인정받은 명성에 타격을 입히는 것이야말로 그들의 주된 목표이자 최고의 기쁨이다. 따라서 그들은 최선을 다해 의미 있는 발견을 억누르고 발전을 저해하며 탁월함을 비난한다. 또 보다 독창적인 동시대 작품들의 의미를 왜곡하기도 한다. 결국 그들은 굽실대며 땅바닥을 기어다니다 향기로운 관목과 어여쁜 꽃들 위로 끔찍한 점액이나 거품 섞인 독을 흩뿌리는 역겨운 두꺼비들과 같다.

그러한 인물들로 구성된 사회에서는 빼어난 지성이 낳은 고결한 작품들이 선보이는 힘찬 비상, 절묘한 상상력의 눈부신 발산, 정교한 감정들이 비현실적인 자만심이나 걷잡을 수 없는 망상으로 간주되고 만다. 그러므로 유행이나 일반적 취향보다 더 나은 기준으로 이를 평가할 줄 아는 이들이라면 기꺼이 그곳을 떠나려 든다.

그러나 질투가 지배적이라 해도, 그 격정은 계속될 수 있으나 횡포는 일시적일 뿐이다. 종종 진리의 손이 분노의 희생양에게 부여된 공로를 높이 받들어 대중의 갈채라는 왕좌에 두는 것이다. 천재적 작가는 생전엔 떠들썩한 중상과 무지한 야유로 인해 귀가 먹어 듣지 못하지만, 사후 그 작품은 공정하게 재평가되어 순수한 갈채가 깃든 환호로 되살아난다. 무례하고 타락한 동시대인들이 위대하고 선한 자의 삶에 줄곧 던지는 비난은 그의 죽음과 더불어 잠잠해진다. 마침내 그는 오로지 작품으로 기억되며, 후대에 그 명성이 드높아진다.

어떤 철학자의 경우

저명한 영국의 철학자 데이비드 흄 David Hume 은 그 어떤 작가들보다 두드러진 역사적 사례를 제시한다. 즉 우리는 그를 통해 기지와 학문이 질투와 무지, 편협의 악의적 공격에 노출되는 위험에 대해 살펴볼 수 있다. 사실 그러한 공격에 대한 부담은 모든 작가가 일반적으로 체감하는 것이지만, 흔히 최고의 인물에게 가장 무겁게 지워지곤 한다. 심오한 철학자이자 기품 있는 역사가인 그는 기질이 온화하고 활달하며 사교적인 성격을 지녔다. 또 교우관계가 우수하고 흔들리지 않는 청렴함을 자랑했다. 그는 좀처럼 치장을 하지 않았기에 언뜻 보면 그 태도가 냉담하고 쌀쌀맞기도 했다. 하지만 그는 늘 명랑했고, 더없이 따뜻하고 관대한 면모를 보였다. 명성을 향한 그의 열정도, 적대적인 이들의 지독하고 근거 없는 중상도 그의 마음에 자리한 평온함을 어지럽힐 순 없었다. 그는 평생토록 끊임없이 박애와 자선을 실천했다. 심지어 그의 명성과 인품을 해하고자 시기와 앙심을 품고 온갖 악평과 비난을 일삼는 이들의 계략에 넘어간 이들조차 그의 친절을 경험하고는 그 선함을 알아차렸다. 실제로 그는 벗들이 자신의 성격이나 행동에 관한 특정 면모를 옹호하거나, 자신을 질투하는 무리 혹은 정치적·종교적 당파에 의해 공격당했다고 시인한 적이 단 한 번도 없었다. 그렇게 그는 모든 계층의 사람들에게 유쾌한 벗이었다. 연령과 빈부를 떠나 모든 이들이 즐겁게 그의 말에 귀 기울였으며, 그와 헤어질 시간이 오면 모두가 하나같이 아쉬워했다. 그는 아주 박식했기에 그와의 담화 역시 지혜롭고 과학적인 내용으로 가득했다. 그러나 그는 지식을 과시하지 않았고 듣는 이들의 기분을 상하게 하는 일 없이 모든 주제에 대해 자신이 느낀 바를 유쾌하게 전달했다.

그가 재능을 남용함으로써 종교적 이해관계에 타격을 입혔다고는 하지만, 그의 도덕적 진실성과 삶의 순수성을 통해 기독교 수칙은 그 어느 때보다 강력히 권고되었다. 그의 인자하고 온화한 정신과 미덕을 추구하고 모든 종류의 악을 꺼리는 성격은 근본적으로 독실함의 실천을 촉진하고 종교인의 의무를 고취시켰다. 또 열정적 박해와 순교가 늘 그러하듯 지지를 표명했던 종교적 구조의 근간을 잘라내는 일은 없었다. 사실상 이 위대하고 선한 인물은 이성과 감성의 탁월함으로 인해 완전한 개인적 행복을 누렸을 뿐 아니라 인류의 행복까지 향상시킨 것이다. 지금까지 살펴본 이러한 내용이 현재로서 흄의 성격에 대해 일반적으로 알려진 바다. 그러나 이 점에 대해 그와 동시대인들이 느낀 바는 사뭇 다르다. 흄은 야만적 국가나 미개한 시대를 살지 않았다. 그가 살아간 땅은 자유로웠고 사람들은 철학적이었으며 당시의 시대적 분위기가 학자들의 형이상학적 탐구심을 불러일으켰으나, 흄의 명성은 그가 쓴 도덕적·종교적 글들로 인해 추락하고 말았다. 그는 회의적 태도 때문에 비난받았다.

그러나 당시에 특정 교리가 전파되고 자유롭게 탐구심을 펼칠 수 있었던 분위기로 보아 그가 느꼈을 법한 실망감이 이러한 사유 탓이라고 볼 순 없다. 실제로 이 기간엔 스코틀랜드에 대한 일종의 자연스러운 편견이 만연하기도 했지만, 그가 조국의 국민에게서 큰 호의를 경험하지 못한 만큼 이러한 상황을 바탕으로 공정한 결론을 도출할 수도 없는 노릇이다. 그가 직접 쓴 《그의 문학적 거래에 관한 특별한 역사The Extraordinary History of His Literary Transactions》를 놀라움과 우려 없이 읽어 내려가기란 힘들다. 그의 몇몇 작품이 대중으로부터 경멸적으로 거부당했다는 사실은 믿기 어렵지만, 이 저서를 통해 그가 말하고 있는 사실들은 틀림없는 진실이다. 그러한 내용은 흄의 운명이라는 관점으로 국한해 볼 때 슬프고 유감스럽기 그지없다. 그러나 한편으로 그것은 불행히도 학생들의 열정에 찬물을 끼얹기도 한다. 즉 학생들로서는 명성에 대한 그들의 욕구로 인해 온갖 위험에 노출될 수 있다고 여길 것이다. 나아가 '거머쥐기엔 너무 힘들지만, 너무도 허무하게 놓쳐버릴 수 있는' 대상을 더 이상 추구하지 않게 될 수 있다.

저명한 흄의 문학적 경력에 관한 슬픈 역사는 불치병에 시달리던 그가 다가올 소멸의 순간을 잠자코 기다리며 자신의 삶을 간략히 추린 그의 저서 《그의 문학적 거래에 관한 특별한 역사》에 드러난다. 흄의 다른 작품들이 본인의 지성이 지닌 힘과 범위를 명확히 기술한 것만큼이나 이 글은 자신의 기질적 온화함과 겸손, 그리고 체념적 면모를 분명히 드러내고 있다. 당대의 지배적 편견을 타파하거나 만연한 오류를 바로잡으려는 모든 이들의 역사는 사실 거의 동일하다고 볼 수 있다. 운 좋게도 동시대인들에 비해 온갖 대상을 훨씬 더 명확히 간파할 수 있는 자가 있다면, 그리고 그가 자신의 의견을 서슴없이 발표함으로써 그 우월한 지식을 퍼뜨리려 한다면, 그건 바로 자신을 향한 질투와 분노가 쏟아지도록 스스로 방치하는 격이다.

게다가 그렇게 되면 인류의 이익에 반하는 사악한 음모를 꾸미고 있다는 비난을 좀처럼 피하기 어렵게 된다. 본인의 성격과 신분, 재능이 어떠하든 작가라면 주변에 악의를 품은 하급자가 많다는 사실을 알아차리게 될 것이다. 그들은 꺾여버린 자존심을 채우려 그의 뛰어난 공로를 무너뜨리고 치솟는 명성을 잠재울 기회만 노린다. 굶주린 자에게 음식을, 헐벗은 자에게 걸칠 옷을, 고통받는 자에게 위로를 건넬 수 있는 소수의 온정적인 이들조차도 충분한 자격을 갖춘 경쟁자의 머리에 공을 치하하는 화관이 놓이는 장면을 지켜보는 순간 질투 이외의 다른 감정을 품는 경우는 드물다.

공화주의자들로서 자부심이 대단했던 에베소인들

Ephesians은 출중한 개인으로부터 느낀 치욕을 견딜 수 없어 했다. 그리하여 일반적인 자국민들보다 뛰어나다고 간주된 자는 다른 나라로 추방해 버렸다. 그러므로 만일 내가 계급이나 신분이 동등한 주변인들보다 그 공이 탁월하게 큰 자에게 그들과 모든 교류와 관계를 중단하라고 권한다면, 에베소인들의 이 터무니없이 어리석은 압제를 답습하는 꼴이 되고 말 것이다. 하지만 분명한 건 그가 때때로 은둔을 택한다면 질투의 영향에서 벗어날 뿐 아니라 본인의 우월함으로 인해 이후로도 계속 노출될 수밖에 없는 그 모든 도발을 피해 갈 거라는 점이다.

위선자들을 대하는 자세

동료의 약점을 유연하게 대하고 그들의 잘못을 다정하게 바로잡아 주며 그 악행마저 연민으로 바라봄은 물론 친절하게 관심을 기울여 상호 간의 만족과 선의를 이끌어내는 행위는 비단 중요한 도덕적 의무만이 아니라 현세의 행복을 증대시키는 방법이기도 하다. 정직한 이들이 교묘한 위선자들을 두고 분개하지 않기란 힘들다. 그러한 위선자들은 그럴싸하게 행동하며 지혜롭고 선한 것처럼 거짓 탈을 쓴다. 그러고는 공정하고 참된 진실과 미덕의 감정이라도 되는 양 조잡한 이설을 무모한 세상에 들이민다. 고결한 행위가 비방받거나 유용한 작품이 저속하게 공격받을 때도 관대하고 열정적인 자의 마음에 이는 화는 쉽게 가라앉지 않는다. 그러나 설령 그들의 덕과 훌륭함이 덜하다 해도 그러한 감정은 보다 큰 주의를 기울여 살피고 조절되어야 한다. 그러한 감정에 빈번히 빠지다 보면 폭력성이 일반적 관용을 약화시키고 나아가 선량함과 선에 대한 사랑마저 슬픈 염세나 맹렬한 인간 혐오로 변모시키기 때문이다.

학문과 논평을 통해 그 마음이 한껏 고양된 이라면 인간에게 내재된 도덕적 타락과 정신적 쇠약함을 예리하게 살펴 자신을 질투하는 그 하급자들을 상습적 분노와 무차별적 복수로 대하지 않도록 해야 한다. 그들의 질투심은 그의 위대함을 승인하는 표시이기도 하다. 그러니 그는 마음에서 우러난 악의가 아닌, 타인의 사악한 제의로 인해 실수를 범한 이들을 너그러운 연민의 시선으로 바라보아야 한다. 또 나약하고 무고한 파충류들을 전갈과 독사로 혼동하는 일도 없어야 한다. 감정을 배제하고 초월적 우월함이 가는 곳이면 어디든 따르는 악의에 찬 짖음과 질투 섞인 잡음은 잠자코 들어 넘길 일이다. 더불어 편견에 눈멀고 지각과 이성이 담긴 주장을 듣지 못하는 떠들썩한 적들의 무의미한 아우성은 철학적 존엄성을 토대로 무시할 수 있어야 하며, 온화하고 관대한 태도로 그들에게 감명을 주려 애써야 한다. 그들이 마음을 열었다면 그들의 실수를 제때 납득시켜 폭력이나 강제 없이도 현혹된 그들로 하여금 다시금 진실을 깨닫고 덕을 실천할 수 있도록 해야 할 것이다. 하지만 그러한 시도에도 그들을 바꾸려는 모든 노력이 결실 없이 헛되다고 여겨진다면…

> 질투심에 사로잡혀 투덜대는 자들을 무시하라.
> 늘 화를 내거나 허황된 분노로 씩씩대는 이들,
> 이해하기도 전에 서로를 헐뜯고 보는 비평가들,
> 비난하지 않지만 친구인 양 겉으로 행세하는 이들,

꼭두각시처럼 더듬대는 자들은
무엇을 말하는지도 모른 채
외운 듯 어리석은 말들을 내뱉네.
그러니 무턱대고 떠들어대는 자들일랑 무시하고
지혜롭고 선한 자들의 호의를 누려야 함이라.

그러나 중상모략을 일삼는 자들은 대개 가장 고결한 인물에게 날을 세워 그들의 가치를 좌절시키고 자신의 악의를 드러내곤 한다. 실제로 이 때문에 그들의 사회적 성향이 위축되며 충분한 자격을 토대로 얻은 명성마저 위태로워질까 염려하게 된다. 페트라르카는 다음과 같이 말한다.

"오래도록 유지되는 명성은 선의 실천을 통해서만 비롯되며, 그러한 행위는 여러 세대에 걸쳐 전해질 만한 것이다. 말 많고 잘 차려입은 신사들을 보라. 비단으로 지은 옷을 입고 번쩍이는 보석 장신구를 뽐내며 거리를 걷는 그들을 사람들은 손가락질해 댄다. 그들이 보이는 온갖 허세와 거만함, 지식의 과시, 쩌렁쩌렁 울리는 말들은 그들이 살아 숨 쉬는 동안 지속될 뿐, 이후 모두 가냘픈 연기 속으로 사라질 따름이다. 부의 획득과 야망에 대한 욕구는 자랑스럽게 쌓은 결과물의 증거라 할 수 없는 까닭이다. 나 역시 사후엔 명성을 갖게 될 것이나, 그 명성으로 인해 얻는 이익은 없을 것이다. 그러나 죽어서도 이를 누리려 하는 자라면 살아가는 동안 그 명성으로 인해 해를 입는 법이다. 키케로와 데모스테네스, 제논의 파멸을 낳은 건 다름 아닌 그들의 명성을 향한 더럽고 광기 어린 질투가 아니었을까? 거대선 아르고호의 선택된 자들을 콜키스로 이끈 건 그 왕의 부유함에 대한 명성이 아닐까? 과연 황금 양털이 의미한 바는 무엇일까? 그건 아마 진정한 부를 쌓지 못한 약탈자들이 자신의 것이 아닌 양털을 뒤집어쓴 채 거머쥔 부유함이 아니었을까?"

실제로 자신의 공로로 빛나는 많은 이들이 은둔의 그늘 안에 그 탁월함을 숨김으로써 시기하는 이들의 불쾌함을 불러일으키지 않으려 한다. 또 명예롭고 정당하게 얻은 뜨겁고 열렬한 찬사를 박탈당한 그들은 인간의 타락에 관해 지나치게 예민한 감정에 빠지기도 한다. 부질없게도 솔론Solon은 페이시스트라토스Pisistratus의 폭정에 맞서 자신이 눈부신 업적을 쌓은 나라의 자유를 수호해야 함을 아테네 사람들에게 촉구했다. 그러고 나서 그는 집으로 돌아가 길 쪽으로 난 문에 무기를 두고 이렇게 외쳤다. '나는 최선을 다해 조국을 지키고 헌법을 수호했노라!' 이후 그는 떠들썩한 공적 삶에서 물러나 아테네 사람들의 굴종과 아테네의 운명을 떠올리며 조용히 눈물지었다고 전해진다.

자발적 은둔의 사례

고대와 현대를 아울러 이와 같은 역사적 사례는 여럿 찾아볼 수 있다. 이는 위대한 정신과 남자다운 기개를 갖춘 정치인들일수록 한창 권력을 쥐고 있을 때조차 궁정에 만연한 고질적 악습에서 벗어나 시골집이 선사하는 순수한 즐거움과 겸손한 미덕을 누리고자 했기 때문이다. 그러한 고귀한 인물들은 가장 출중한 자들의 미덕과 제일 용맹한 이들의 공이 어리석은 관리들의 질투 어린 입김이나 애첩들의 교활한 아부 때문에 무산되는 꼴을 더없이 강한 혐오와 분노로 지켜볼 따름이다. 이들이

하는 일이라곤 하릴없이 자신들의 원숭이와 잉꼬들을 쓰다듬거나 아첨과 음모로 가득한 어둡고 그릇된 길이 아닌 공개적이고 당당한 경로를 통해 대담하게 자신의 운을 개척하는 이들의 공로를 험담하는 것이 고작이다. 그러니 표리부동하고 기만적인 계략으로 인해 왕족의 출중함이 손상되고 그 창의성이 현혹되며 분별력이 흐려지는 데다 마음이 정도에서 벗어나는 걸 목격한 고귀한 인물이 크나큰 분노를 느끼지 않고 지나칠 수 있을 것인가? 물론 그럴 순 없는 일이다. 그러나 그러한 악습에 대해 아무리 통절함을 느끼거나 감정을 표현해 보아도 그는 어쩔 수 없이 한층 더 모욕적이고 고통스러운 심정으로 현실을 지켜보아야만 한다. 빼어나고 충직하게 임무를 수행한 용맹스러운 신하를 왕이 진심을 담아 칭찬하는 순간 궁중의 비굴한 무리 사이에서 터져 나오는 그 모든 질투 어린 분노와 혹평을 말이다.

디온Dion은 디오니시우스Dionysius 궁정의 주요 정치인이자 시칠리아Sicily를 지켜낸 인물이었다. 젊은 디오니시우스가 그의 아버지로부터 왕위를 물려받게 되자 디온은 첫 회의를 열었다. 그는 회의에서 기존의 상황과 취해야 할 조치들에 대해 적절히 발언했고, 그런 그에 비해 주변의 신하들은 그저 어린아이처럼 보일 따름이었다. 그는 왕의 권익을 증진시키기보다 단지 그를 기쁘게 할 만한 방안들을 소심하게 궁리해 내 건의하는 자들의 굴종주의를 강력히 언급하며 서슴없이 충고했다. 그러나 정작 그들을 가장 두렵게 만든 건 카르타고Carthage와의 전쟁을 앞두고 디온이 제시한 조치들이었다. 즉 그는 직접 카르타고로 건너가 명예롭게 평화 협정을 체결하거나, 혹은 전쟁이 불가피할 경우 사비로 갤리선 50척을 마련하고자 했던 것이다. 디오니시우스는 그의 원대한 정신을 확인하고는 기뻐했지만, 신하들은 그로 인해 자신들이 위축된다고 여겼다. 디온을 반드시 짓밟아야 한다는 데 뜻을 모은 그들은 이를 위해 악의에서 비롯된 중상모략을 아끼지 않았다. 그들은 왕이 총애하는 디온이 바다를 지배하려는 것이 분명하며, 그리하여 여동생의 자녀들 몫으로 왕국을 손에 넣으려 한다고 왕에게 고해바쳤다.

이 외에도 말을 아끼고 냉철한 태도로 삶을 대하는 디

온의 태도 역시 그들의 증오를 불러일으킨 또 다른 명백한 이유였다. 비굴한 신하들은 젊고 제대로 교육받지 못한 왕을 온갖 방탕으로 이끌었으며 그의 잘못된 욕정을 부추기는 파렴치한 포주 노릇을 했다. 사치를 즐길 줄 모르는 디온에 대한 그들의 적대감은 어쩌면 당연한 결과였다. 더욱이 그가 악행에 동참하길 거부하자 그들은 그의 선을 앗아가고 대신 자신들과 닮은 악이라는 이름을 부여하기로 했다. 그들은 그의 진지한 태도를 자만으로, 유려한 언변을 무례함으로, 자신들의 부도덕함에 동참하길 거부하는 그의 자세를 경멸이라 일컬었다. 실제로 디온의 행동에는 타고난 오만이 묻어났고 접근하기 힘든 비사교적 무뚝뚝함이 배어 있기도 했다. 따라서 아첨으로 이미 망가진 젊은 왕의 귀에 그의 말이 먹혀들지 않는다 해도 그리 놀랄 일은 아니었다. 디오니시우스의 부조리가 무지와 형편없는 교육 탓이라 여긴 디온은 그에게 교양 학문을 접하게 하고 도덕성 함양에 관한 학문을 가까이하도록 했다. 그러나 이처럼 지혜롭고 고결한 그의 해법은 궁중의 모의와 계략을 통한 반대에 부딪히고 말았다.

악의의 위험

사람들은 고결한 감정으로 정신이 고양되고 세련된 감성을 받아들일수록 그렇지 않은 인물들로 구성된 사회에 대해 정당한 혐오를 느끼게 되므로 그들과 마주치기를 꺼린다. 그러나 그러한 행동으로 인해 가장 자비로운 자의 마음에 일 수 있는 엄격함과 침울함은 주의 깊게 지켜볼 만하다. 당대의 악행과 어리석음에 혐오를 느낀 자는 부지불식간에 인간에 대한 증오를 품게 되고, 그렇게 점차 사회적 행복을 누리는 데 필수적인 온화하면서도 자비로운 기질을 잃어간다. 인간의 본성과 성향에 대한 철학적 연구를 위해 동료들의 나약하고 짓궂은 약점을 그저 지켜만 보던 이조차도 그들의 문제를 엄격히 기억하고 그러한 인물을 경멸하지 않을 수 없으며, 특히 그가 그들의 계략에 속아 넘어간 대상이라면 더욱 그러하다.

경멸은 증오와 긴밀히 연관되기 마련이며, 인간에 대한 증오는 공정한 정신을 썩게 만든다. 인간에 대한 증오는 모든 대상에 점차 염세를 불러일으키며 판단을 왜곡시킨다. 그리고 마침내는 선과 악을 가리지 않고 무분별하게 독기 어린 눈길을 던져 의심과 두려움, 질투, 복수심을 비롯한 온갖 가치 없고 악의에 찬 검은 감정들을 일으킨다. 이 끔찍한 장애물과 같은 감정들이 마음에 자리한 관대함을 앗아갈 경우 그 불행한 희생자는 사회를 혐오하고 인간성을 부인하며 성 히아신스 St. Hyacinth처럼 머나먼 외딴섬을 그리게 될지도 모른다. 나아가 그는 잔혹한 내침으로 불가침의 경계를 지킬 것이며, 불행히도 호의적이지 못한 섬의 해안으로 밀려온 딱한 자들을 죽음으로 내몰 수도 있다.

하지만 호의적인 자가 염세로 인해 그토록 비참해질 수 있다면, 그 성향이 본래 악의에 찬 인물이 동료들에게 상습적 증오와 악의를 품을 땐 그 결과가 얼마나 충격적일 것인가! 언젠가 스위스에서 이와 같은 괴수를 본 적이 있다. 당시 나는 일 때문에 그를 만나야 했는데, 극악무도한 그의 성향을 떠올릴 때면 진저리가 난다. 그의 신체는 그 정신만큼이나 변형되어 있었다. 비뚤어진 이마엔 적대감이 내려앉은 데다 부패한 몸과 병든 정신이 낳은 검푸른 딱지와 같은 비늘이 그의 얼굴을 뒤덮었다. 끔찍한 그의 모습을 마주하자 검게 엉겨 붙은 그 부스스한 머리를 메두사의 뱀들이 에워싸고 꿈틀대는 듯한 느낌마저 들었다. 타는 듯 붉은 두 눈은 짙게 드리워진 어두운 눈썹을 뚫고 내리꽂히는 유성과 같이 번뜩였다.

이간질이야말로 그의 유일한 기쁨이자 최고 사치인 동시에 기쁨이었기에 그는 오로지 이웃 간 불화를 조장하고 아물어가는 고통의 상처를 찢는 데 전념했다. 자연히 그의 거처는 무질서한 자들의 피난처이자 악한 자들의 근거지, 죄인들의 도피처였다. 여러모로 사납고 불만에 찬 이들이 주변에서 몰려들자 그는 어느새 불의의 후원자이자 악행의 보호자, 악의를 품은 가해자, 사기의 고안자, 중상의 전파자, 잔혹함과 복수의 열성적 투사가 되고 말았다. 그렇게 그는 지지자들의 가시 돋친 화살이 개인적 평화에서 비롯된 위안과 공적인 평온함이 선사하는 축복을 등지고 악의에 찬 목표물을 겨냥하도록 했다. 타고난 그의 취향과 성향 역시 '늘어만 가는 악행'으로 악화되어 그는 한시도 악행을 삼갈 줄 몰랐고, 불안과 불만마저 느끼지 못하는 지경에 이르렀다. 그는 완벽하게 행복해 보인 적이 없었지만, 악의에 찬 그의 영혼이 고통스러워하는 인간의 모습을 접할 기회가 생길 때만큼은 예외였다.

아테네의 타이먼Timon of Athens의 경우, 인간들이 그에게 저지른 비할 데 없는 잘못으로 인해 그들을 향한 그의 과도한 증오가 어느 정도 용인될 수 있었다. 그가 인간에게 품은 거침없는 반감은 일반적인 배짱으로 감내하기엔 너무도 큰 상처로 인해 유발된 것이었다. 그의 정직함과 인간애, 빈곤층에 대한 관용은 오히려 그를 파멸로 이끌었다. 혹은 그 자신의 어리석음과 소탈한 성향, 벗을 선택할 때의 판단력 결여가 그의 파괴 요인일 수도 있다.

타이먼은 자신의 전부를 늑대와 까마귀들에게 줘버리고 있음을 알아차리지 못했다. 독수리들이 간을 파먹을 때도 그는 그들을 절친한 벗으로 여겼으며, 순전히 자신을 사랑하고 아낀 탓에 먹어 치우는 거라 생각했다. 급기야 독수리들은 뼈만 남을 때까지 사지를 갉아먹고서도 골수까지 남김없이 빨아들인 후에야 말라비틀어진 그를 남겨두고 떠났다. 그들은 타이먼을 구해주거나 도와주진 못할망정 그를 알아보지도 못했다. 결국 그는 일반 노동

자 신세가 되어 짐승의 가죽으로 옷을 지어 입고 땅을 갈아 벌어먹어야 했다. 도시에 모습을 드러내는 것조차 수치스러워진 타이먼은 자신으로 인해 풍족해진 배은망덕한 자들이 그를 알아보지 못한 채 오만하게 지나다니는 꼴을 보고 울분을 터뜨렸다. 물론 그러한 감정을 무시해서는 안 될 일이지만, 그 어떤 엄청난 자극도 그가 히메투스Hymettus 산 속에서 불경스럽게 내뱉은 격렬하고 과도한 독설을 정당화하긴 힘들다.

"여기 이 땅이야말로 내가 살아가는 유일한 거처이며 사후에는 내 무덤이 되리라. 지금 이 순간부터 나는 사람들과 그 어떤 교류나 관계도 맺지 않을 것이며, 다만 그들을 경멸하고 멀리하겠노라. 인맥과 우정, 연민이나 동정심 따위에는 연연하지 않을지니. 괴로워하는 자들을 가엾게 여기거나 궁핍한 자들을 구제함은 나약함, 아니 차라리 범죄일 따름이다. 들판의 야수들이 그러하듯 나는 홀로 고독하게 살아가리라. 오로지 타이먼만이 타이먼의 벗이니, 그 외의 다른 존재들은 죄다 적이자 배신자로 대할 것이다. 그러니 그들과의 교류는 곧 신성모독일지니!

그들과 무리 지음은 불경이라. 그들과 마주친다면 그것이 바로 저주받은 날이도다! 요컨대 인간이란 놋쇠나 돌로 만든 흔해 빠진 조각상과 같으니, 그들과의 휴전도, 교류도 맺지 않으리. 나의 회피가 우리를 영원히 분리하는 경계가 될 것이니. 친지와 친구, 국가란 죄다 공허한 이름일 뿐, 오직 어리석은 자들만이 좇는다네. 타이먼만이 풍요로울 것이며 그 외의 세계를 경멸하리. 그는 공허한 찬사와 역겨운 아첨을 혐오하니 오로지 홀로 기뻐하네. 홀로 제물을 바치고 홀로 포식하는 그는 자신의 이웃이자 동반자다.

    나는 일평생을 혼자이고자 한다. 내 목숨이 다하는 날, 머리에 왕관을 쓸 것이니. 나를 구분 짓는 가장 공정한 이름은 염세주의자일 터. 나는 내 퉁명스러운 태도와 시무룩함, 무자비함, 분노와 무정함으로 알려지고 두드러질 것이다. 행여 불길 속에서 타들어 가는 이가 불을 끄고 구해달라고 애원하는 광경을 보게 되더라도 나는 오히려 기름을 부어 그 불길을 키울 참이다. 또 겨울 홍수에 휘말린 어떤 이가 손을 뻗어 도움을 요청한다 해도 나는 그를 물속으로 더 깊이 빠뜨려 두 번 다시 올라오지 못하게 하고 말 것이다. 이것이 인간에 대한 내 복수이며, 타이먼의 법이자 타이먼이 승인한 바다. 그러나 모든 이들이 내 풍요로움을 알게 된다면 더없이 기쁠 것이다. 그로 인해 그들이 비참해질 것을 알기에."

저명한 고대 그리스 철학자의 이 말을 통해 이끌어 낼 수 있는 교훈은 천하고 배은망덕한 세상에서 마음을 다쳐 지각없고 무분별하게 괴로운 감정에 빠지다 보면 가장 호의적인 인물일지라도 치명적인 위험에 처할 수 있다는 것이다.

하지만 세상으로부터 형편없는 취급을 받지 않았음에도 사회를 향해 성난 적대감을 품은 채 타인들의 고통과 불행에 남몰래 기뻐하는 이들이 있다. 악과 자만이라는 나태한 습관에 빠져들고 도덕적 근면에 따른 보상에 낙담하여 굴욕을 느낀 그들은 악의 오류와 선의 정직함을 동일하게 비추는 빛을 피해 그러한 감정들을 숨길 요량으로 음울한 고독을 구한다. 스스로 영광을 얻지 못하는 동시에 타인에게 속한 영광의 빛을 못 견디는 그들은 불만스럽게 은둔을 찾아 들어간다. 그들은 그렇게 은둔하며 진정한 훌륭함에 수반되는 만족을 시기하며 해당 인물을 중상할 따름이다. 그러고는 마치 악마와 같이 천국을 앞에 두고서도 '모든 기쁨을 슬픔으로 바라본다'.

건강한 고독의 양상

그런가 하면 이와는 매우 다른 부류도 존재한다. 그들은 변덕스러운 우울감에 짓눌리지 않고 성마르거나 심술궂지 않으며 좀처럼 분노할 줄 모른다. 관대한 사고와 기개 있는 감상으로 충만한 그들은 평온하고 만족스러운 상태로 사회에서 물러나 고결하고 현명한 이들과 꾸준히 즐겁게 교감한다. 그들이 교감을 나누는 이들은 그 행동으로 역사의 한 페이지를 장식하고 그 재능으로 인간의 정신력을 키우며 그 미덕으로 인류의 행복을 증대시킨다.

아무리 고독하다 할지라도 우리의 정신이 은둔과 같은 상태에 접어들게 되면 주변에 대한 증오를 키우는 대신 인간 존엄성에 대한 생각을 키워나가게 된다. 또 은둔을 통해 우리는 주변의 불행과 부족한 점들을 느끼고 이를 덜어주고 싶어진다. 은둔은 인간에게 얼마나 대단한 힘이 내재되어 있는지 상기시키고 모든 창조물에 최고의 형태와 가장 풍부한 색채를 부여한다. 이를 통해 우리는 그 찬란한 아름다움과 완전함에 감탄하며 저마다의 가슴 속에 자리한 기적을 타인의 가슴으로 옮겨 심게 된다.

… 광활한 서부, 북적이는 남부,
… 마냥 매력적이고 타당할 것만 같은
지식의 호기심 어린 추구에 연연하지 말지니
이는 사람 간의 교류보다 못한 까닭이라.
사랑스러운 미소가 반기는 곳,
명예로운 찬사가 선하고 품격 있는 행위를 향하는 곳만
좇지 말라.
이는 자연이 각기 다른 틀에 맞춰 조정되듯
외적인 것들은 인간의 생각과 달리 흘러가는 까닭이다.
저마다의 마음에 자리한 상상력이
사물의 형태를 축소하거나 확대시키지 않고
본래의 빛깔과 모습을 오롯이 그려낸다면
진실한 의견과 정당한 행위가 발현될지니…

이성적 고독은 열정을 바로잡는 한편 호의적인 마음의 성향을 향상시키고 정신적 에너지를 증대시키며 잠재력을 이끌어 낸다. 아테네의 연설가 칼리스트라투스Callistratus는 오로푸스Oropus 시에서 진행 중인 소송 사건의 변호를 맡게 되었다. 당시 명성이 정점에 이르렀던 연설가의 영향력과 재판의 중요도로 인해 대중의 기대는 크게 치솟았다. 총독들과 교사들이 재판에 참석한다는 소식을 접한 데모스테네스Demosthenes는 자신을 데려가 변호사들이 하는 말을 듣게 해 달라고 스승에게 끈질기게 부탁했다. 법원을 개방하는 담당자와 친분이 있던 스승은 어린 제자가 몰래 변호를 들을 수 있도록 자리를 마련해 주었다. 칼리스트라투스의 변호는 대성공을 거두었고 사람들은 그의 능력을 매우 우러러보았다. 데모스테네스의 경쟁심에 불이 지펴졌다. 그 연설가가 어떤 특별한 수행을 받으며 귀가했는지, 사람들이 어떤 찬사를 보내는지 지켜본 그는 눈앞의 모든 걸 사로잡는 능변의 힘에 강한 인상을 받았다.

그리하여 그는 이때부터 여타의 다른 학업과 소년들이 즐길 법한 활동을 전부 중단하고 연설에 전력을 기울이며 훗날 손꼽히는 연설가가 되고자 했다. 한동안 변호사로 활동한 데모스테네스는 알고 지내던 배우 사티루스Satyrus에게 '건강을 해치면서까지 학문에 전념했지만, 대중의 환심을 사지 못했노라'고 한탄했다. 사티루스는 그가 에우리피데스Euripides나 소포클레스Sophocles의 연설을 반복해 볼 것을 제시했다. 데모스테네스가 연설 낭독을 마치자 사티루스는 같은 구절을 재현했다. 그가 너무도 적절한 동작과 특징을 연설에 반영한 까닭에 데모스테네스에겐 그것이 아예 다른 내용처럼 들렸다. 우아하고 품격 있는 몸짓이 연설에 미치는 영향력을 파악한 데모스테네스는 집필을 중단한 채 지하에 서재를 마련해 두고 그곳에서 두세 달 동안 연설에 적용할 동작과 음성을 연습하며 가다듬었다. 이러한 과정을 통해 그는 강력하고 열정적이며 매력적인 능변가로 자리매김했고, 아테네에서 찬사를 받음은 물론 세계적 명성을 얻게 되었다.

그리스와 로마를 통틀어 문무에 전념한 대부분의 고귀한 영웅들은 대중의 이목을 뒤로하고 홀로 조용히 재능을 갈고닦아 탁월한 경지에 이르렀다. 라틴 교부들 중 가장 학식이 있으며 저명한 유세비우스Eusebius 왕의 아들인 성 제롬St. Jerome은 광란의 종교적 박해를 피해 낯설고 삭막한 시리아의 사막으로 숨어들었다. 그는 그곳에서 활기차고 웅장하게 웅변하는 법을 터득해 훗날 교회의 봉기를 지지하고 기독교의 앞날을 밝히는 데 핵심적인 기여를 할 수 있었다. 드루이드Druid들, 즉 고대 갈리아와 영국, 독일의 성직자들은 신성한 임무를 수행해 나가면서도 이따금 깊고 깊은 신성한 숲으로 들어가 은둔했고, 그곳에서 유용한 학문과 경건한 기도에 전념하며 시간을 보냈다. 그들은 점성술과 기하학, 자연 철학, 정치, 지리, 도덕, 종교에 대한 지식에 통달한 한편 즐겁고 존경받는 삶을 살았다. 또한 그들이 지도하는 젊은이들에게 지혜로운 교육을 제공함으로써 거주하는 각 나라의 성직자와 입법자, 변호사, 판사, 의사, 철학자, 교사를 잇달아 배출해 냈다.

현대의 줄리안으로 불리는 저명한 프로이센의 왕 프리드리히 대왕은 산 수시Sans Souci 궁에 은둔하며 최고의 결과물을 이끌어 냈다. 그는 그곳에서 적들을 꼼짝없이 파멸시킬 방안을 고안했다. 또 자애로운 부모의 심정으로 비천한 신하들의 불평과 고통에 귀 기울여 이를 덜어주었다. 그뿐만 아니라 후대에서도 존경받을 수 있도록 자신의 작품을 고치고 수정하며 산만한 정신을 가다듬었다. 철학과 시, 정치는 그가 줄곧 관심을 기울인 분야다. 그는 고대의 지혜를 학습함으로써 시야를 넓히고 이해를 강화했으며, 사색이 선사하는 즐거움을 통해 마음을 정화했다. 또 자신의 지략을 지혜롭고 경제적으로 관리하여 공공의 힘을 증대시켰다.

이 유쾌한 은둔처는 지독히도 고요하며, 그곳을 맑게 하는 부드러운 공기만이 그 고요함을 파고든다. 내가 이 엄숙한 곳에 들른 건 어느 가을날 해 질 녘이었다. 이 철학적 영웅의 거처에 당도한 나는 작은 탁자 옆에 앉아 '기품 있게 생각에 잠긴' 그를 발견했다. 탁자 위의 양초가 희미한 빛을 뿜었다. 빈틈없는 보초병이나 유난스러운 시종이 의심과 불신 섞인 질문으로 나를 가로막는 일은 없었다. 나는 어떠한 제지도 없이 자유롭게 그의 거처로 걸어 들어갔고, 이 빼어난 인물의 수수한 은신처에 존경심만 일 따름이었다. 사실 지위와 유명세와는 별개로 포괄적 견지와 선의 최고점에 이르고자 하는 인물이라면 이따금 은둔이라는 규율을 택함으로써 영광의 토대를 다져야 한다.

창작자의 은둔 동기

우리는 종종 즉각적으로 친분을 쌓을 수 없는 이들에게 우리의 재능과 성향을 널리 알리기 위해 고독을 추구하며, 그토록 얻고자 한 명성에 걸맞은 작품을 보다 세심하고 전력을 다해 준비하여 동시대인들이 검토할 수 있도록 한다. 그러나 그렇게 이루어낸 결과물이 다분히 교육적이고 기쁨을 수반한다고 할지라도 당시의 시대나 국가로부터 혹은 주변의 벗들로부터 그 공로에 적합한 친절이나 찬사를 받는 일은 안타깝게도 드물다. 오히려 즐겁고 교육적인 내용을 담고 있으면서도 한 국가의 시기와 무지, 혹은 지역적 편견으로 인해 낙인찍히고 비방받은 작품이 종종 공정하고 편견에 사로잡히지 않은 이방인들로부터 최고의 찬사를 받기도 한다. 처음 작품을 시작할 때 후원하고 진행 과정에서 조언하며 마침내 출판 되었을 때 평가를 아끼지 않으면서 친구인 양 행세한 이들조차 크게 다르지 않다. 그들은 멀리서 찬사의 소리가 울려 퍼짐과 동시에 순진한 작가에게 비방의 화살이 날아들도록 내버려둘 뿐 아니라 그가 의도한 바나 원칙에 대한 교활한 암시를 침묵으로 정당화하거나 비웃음으로 거들 따름이다.

이러한 종류의 악의는 저명한 페트라르카Petrarch를 통해 격정적으로 그려진 바 있다. 그는 이렇게 말한다.

"내 명성이 동시대인들의 수준을 넘어서자 그런 나를 두고 모두가 혀를 놀리고 펜을 휘둘러 댔다. 이전까지 벗이었던 이들마저 한순간에 적으로 탈바꿈했다. 시기의 화살은 줄곧 사방에서 나를 겨냥했다. 찬송이나 기도보다 내 시를 더 익숙해했던 비평가들도 악의에 찬 기쁨에 사로잡혀 내 도덕성을 비방할 기회만 엿보았다. 게다가 한때 가장 절친했던 이들은 내 인격을 해하고 내 명성을 파괴하는 데 누구보다 열심이었다."

그러나 학도들만큼은 이러한 시기와 배은망덕함의 실

II. 고독의 동기

례로 인해 낙담하는 일이 없어야 한다. 자신의 가치를 아는 자는 오로지 스스로에게 기대어 의지하며 세상의 부당함을 잊고, 보다 확실한 출처를 통해 위안과 만족을 이끌어낸다. 진정으로 자애롭고 위대한 인물은 보답에 대한 기대 없이 대중에게 호의를 베푼다. 또 기만적인 벗들이나 공개적인 적들이 활용하는 온갖 술수도 무심하게 보아 넘길 줄 안다. 페트라르카와 같이 그 역시 후대의 관심을 끌어 보상받을 것이다. 즉 공정하고 관대한 미래에 이르러 그의 명성은 동시대에 훼손되고 침체된 만큼 고조시키고 꾸며져 다음 세대로 전해질 것이다.

여러 고결한 작가들의 천재성은 무지하고 시기하는 무리들이 그의 작품을 제압할 때 이용하는 두껍고 사악한 안개로 인해 흐릿하고 어두워졌으며, 이는 특히 독일에서 그러했다. 끊임없는 반대를 이기지 못한 채 정신력은 마냥 나약하고 느슨해지고, 공정한 계획과 도덕적인 행위도 절망 속에서 중단된다. 결국 실의에 빠진 자는 얼마나 자주 이렇게 외치게 되던가.

"내 힘은 마음에서 우러난 애정에 영향을 받음을 느낀

다. 나는 분명 누군가에게 고의적으로 해를 끼칠 수 없으며, 열의를 다해 선을 행할 기회를 좇는다. 그러나 아! 내가 품은 동기는 왜곡되고 내 뜻은 곡해되었다. 또 내 모든 노력은 저지되고 나 자신은 비웃음거리가 되었으며 인격은 훼손되고 말았다."

물론 어떠한 반대에도 꺾이지 않고 역경에도 굴하지 않는 용기와 배짱을 지닌 이들도 있다. 그들은 온갖 저항을 무릅쓰고 확고하고 흔들림 없이 결단력 있게 계획한 바를 이루어 나간다. 또 그들의 눈부신 재능은 마치 태양 앞의 안개가 걷히듯 주변의 모든 둔탁함을 몰아낸다. 모든 뮤즈의 양자이자 은혜의 여신이 아끼는 제자인 행복한 빌란트Wieland는 슈아비아Suabia 지역의 비베라흐Biberach라는 작은 마을에 자리한 외롭고 낯선 은신처에서 자신의 특별한 정신력을 형성했고, 그리하여 훗날 자신이 얻은 명백한 영광의 기틀을 마련했다. 그는 고독과 침묵 속에서 예술과 과학이 빚어낼 수 있는 온갖 지식과 더불어 정신을 풍요롭게 했다. 또한 이로 인해 저항할 수 없는 시의 매력과 참된 정신으로 냉정한 철학과 재치의 생생한 미소를 장식함으로써 인류에게 기쁨을 주고 교육할 수 있게 되었다. 은둔은 위대하고 선한 자들의 참된 어버이이자 친절한 간호사다.

일시적 은둔을 통해 정치계는 유능한 정치인들을, 철학계는 저명한 현자들을 배출했다. 소요학파의 수장인 아리스토텔레스가 떠들썩한 필립Philip의 궁에서 심오한 체계를 구상해 냈던가. 혹은 그 스승의 절묘한 이론이 폭군 디오니시우스의 시끌벅적한 연회장에서 정립되었던가? 물론 그렇지 않다. 유명한 아카데미Academy의 숲과 아타르니아Atarnya의 그늘은 플라톤과 아리스토텔레스가 합리적 은둔을 통해 학문을 발전시킬 수 있다고 여긴 중요한 증표다. 이 위인들은 선행자들이나 추종자들과 마찬가지로 은둔의 편안함과 고요함 안에서 마음을 다잡고 학문적 발견의 폭을 넓혔다. 전 세계의 은인이라 할 수 있는 저명한 라이프니츠는 자신이 소유한 하노버 인근의 고요하며 한적한 아름다운 저택에서 매년 많은 시간을 보냈다.

...

　고독에 대한 성향은 그 양상이 어떠하든 정신적 체계와 방향만큼이나 육체적 성질과 구조의 영향을 크게 받는다. 그러한 요인들은 서서히 알아차리지 못할 정도로 움직이며 각기 그 형태와 방식을 달리한다. 하지만 점진적 진행 속도나 다양한 형태를 지녔어도 끝내 그 요인들은 정점에 도달해서는 합리적 은둔, 혹은 비정상적 고독으로 확정된다.

　고독을 선호하게 하는 동기는 물론 다른 요인들 때문이기도 하다. 그러나 마음이 노출될 모든 정교한 작용들과 감각과 성찰이라는 두 가지 거대한 힘에 의해 결정되는 취향과 성향에 대한 논의는 유용하다기보다 흥미롭다고 해야 할 것이다. 인간 행동의 근본적 혹은 부차적 원인에 대한 탐구는 쓸데없이 세부적인 형이상학을 선호하는 자들에게 맡기고, 합리적 은둔에 따른 이점을 즐기거나 비이성적 고독에 따른 피해와 맞닥뜨리려는 이 같은 성향을 유발할 최종적 혹은 즉각적 원인으로 연구의 범주를 국한시켜 보자. 이 경우 우리는 야기될 수 있는 피해를 알 수 있으며, 그리하여 그 피해가 앞서 살펴본 다른 요인들로부터 도출될 수 있는 이점과 대비되는지 알아볼 것이다.

III
고독의 단점

SOLITUDE

냉철하고 신중한 이성에서 비롯되지 않은 은둔은 감정을 개선하거나 정신력을 강화하기보다, 대개 임무를 수행하고 고통을 감내하는 이로 하여금 그 유능함을 제대로 발휘하지 못하도록 한다. 가장 지혜로우면서 체계를 갖춘 은둔은 크게 근심하거나 주의를 기울이지 않고서도 온갖 위험을 피하지 않고 그에 직면하는 형태다. 그러나 모든 종류의 고독에 있어 그 위험은 헤아릴 수 없을 뿐 아니라 피하기도 힘들다.

그렇다 하더라도 그러한 은둔자를 특징지을 온갖 장애를 단지 그가 처한 상황의 외로움 탓으로 돌리는 건 옳지 않을 것이다. 모든 이의 신체에는 자연이 빚은 본래의 결함이 자리하며, 이는 그 어떤 은둔이나 수련을 통해서도 완전히 없앨 수 없다. 어떤 악의 경우에는 그 씨앗이 너무도 깊이 내재되어 있어 아무리 공을 들여도 제대로 제거해 내기 힘들다.

  따지고 보면 은둔의 장단점은 은둔자의 성향을 지배하는 선과 악의 정도에 늘 비례하게 마련이다. 대자연으로부터 건전한 이해와 분별 있는 마음을 선사받은 이라면 이따금 세상사를 멀리하고 은둔을 취함으로써 미덕을 크게 향상시키고 행복감을 증대할 수 있다. 반면 마음이 타락하고 이해가 취약할 경우 상상력이 널뛰고 그 성향마저 타락하므로 고독은 악을 키워 해당 인물을 부패하고 악하게 만들 따름이다. 그도 그럴 것이 재배 방식이 어떠하든 간에 농작물은 어쩔 수 없이 씨앗의 특징과 토양의 자질을 반영하게 마련이기 때문이다. 고독은 나약하고 사악한 이로 하여금 자신의 의견을 곰곰이 되돌아볼 수 있도록 하는 까닭에 본래 막으려 했던 피해를 되살리고 키운다.

… 고독이 구슬픈 돌봄의 손길을

병약한 사색을 수심 어린 마음에 건넬 때

광기가 비집고 들어온다.

흐릿한 눈을 한 악령의

황량한 우울함이 밤낮을 가리지 않고

영원히 아물지 않는 상처를 건드리고. 햇살은 엷어져 가네.

대자연의 말간 얼굴 위로

애절한 환영의 빛이 번지고

땅은 온통 삭막한 사막이 되어가지. 잔뜩 찌푸린 하늘.

온갖 형태의 터무니없는 환영이 일고

지독한 두려움은 아무런 사유도 없이

또 다른 두려움을 낳고, 득실대는 괴물들은

지옥에 갇혀 드러나지 않네.

밑바닥에 잔뜩 웅크린 영혼,

거대한 상상의 뭉치가 꿈틀댄다.

죄책감이 느끼는 온갖 공포,

불안한 들썩임은 죄책감을 일깨우네.

걱정이 사라지면 분주한 마음은

몰두할 또 다른 주제를 제 안에서 찾아내고,

그 역시도 비참함을 알아차리거나

비참하게 만들어버린다.

고독의 모든 영향

고독에 따른 결과를 제대로 판단하기 위해서는 고독의 유리하고 불리한 영향에 관한 실례를 모두 살펴보아야 할 것이다. 무엇보다 그 결과는 고독이 작용하는 대상에 따라 달라진다. 같은 종류의 고독이 누군가에겐 해가 되지만, 또 다른 누군가에겐 더없는 혜택과 이익이 될 수 있는 것이다. 실제로 동일인이라 할지라도 그 성향이 바뀜에 따라 유사한 은둔 환경에서도 다른 시기에 극명히 다른 결과를 경험할 수 있다. 그러나 떠들썩한 사회적 교류를 뒤로한 일시적 은둔이나 신중하고 잘 준비된 은둔이 해롭지 않다는 것만큼은 분명하다. 은둔에서 비롯될 일련의 미덕만을 주시하고 극단적 고립을 통해 야기될 악의 검은 목록에 대해서는 침묵한다면 오히려 유쾌할 것이다. 그러나 나는 고독의 성격을 공정하게 그려낼 것이므로 가능한 결점을 짚고 넘어가야 한다.

   고독한 나태와 무기력에 빠진 자는 마치 고인 물과 같이 불순과 부패로 빠져들고 만다. 부패한 정신과 더불어 육체 역시 고통에 시달린다. 이 같은 상태는 과도한 행동보다 더 치명적이며, 회복에 대한 모든 희망을 헛되고 덧없는 것으로 만들어버리는 고질병과 같다. 활동적 상태에서 휴식에 빠지는 것은 자연스러운 일반적 과정이지만, 길고 지속적인 나태함에서 자발적 움직임으로 기운을 끌어올리기란 매우 어렵고 거의 불가능한 일이다. 어느 저명한 시인은 이처럼 부적절한 상태를 다음과 같이 유려하게 표현해 냈다.

> 그렇게 게으르게 빈둥대는 자들을 보았다.
> 교회나 의원, 궁에서도 보이지 않던 자들,
> 무관심하게 어슬렁대며
> 어떠한 사유나 신뢰, 의무, 벗도 없는 자들을.
> 그대 역시, 나의 파리델! 그녀는 거기서 그대를 보았다네.
> 한없이 안락한 의자에 늘어진 그대를.

그리고 끝없는 하품의 고백을 들었지.

나태의 고통과 형벌을.

적절한 힘을 유지하기 위해서는 휴식과 더불어 신체적, 정신적 노동이 규칙적이고 시기적절하게 가미되어야 한다. 적당한 수준의 훈련과 휴식이 필요한 것이다. 탁월한 경지에 이르고자 하는 철학자들은 편안함에 빠지지 않으며 은둔의 시기에 덮쳐올 운명의 잔혹함을 안일하고 나태하게 기다리지 않는다. 대신 그들은 경험이 없는 데다 채비도 되지 않아 전투 기강이 잡히지 않은 군인들처럼 운명을 마주하고 놀라는 일이 없도록 규칙적인 훈련을 하고 고난과 맞닥뜨리며 운명에 맞선다. 무릇 훈련과 휴식을 적절히 겸할 수 있는 이들만이 신체적 건강과 정신적 생동감을 누릴 수 있는 법이다. 이는 곧 인간의 신체적 균형을 일정하게 유지할 수 있는 유일한 방편이기도 하다.

따라서 신체와 정신적 작용을 유지시킬 충분한 활동을 하지 않는 자, 다채로운 재미를 찾지 못하는 자, 사색의 주제에 변화를 주지 못하는 자, 내면으로부터 즐거움의 소재를 찾지 못하는 자에겐 고독이 그저 짐스럽고 견딜 수 없을 따름이다. 사실 그러한 인물의 경우 고독은 단지 불쾌할 뿐만 아니라 위험할 수 있다. 왜냐하면 사회로부터 그를 끌어당겼던 일시적 열정이 사그라지는 순간 그는 무기력하고 무관심한 상태로 가라앉을 수 있기 때문이다. 게다가 이러한 기질은 도덕적 정서에 적합할 수도 없다. 반면 세상은 그 모든 단점에도 불구하고 즐거움을 주지 못하는 은둔의 고요한 침묵의 그늘에 비하면 그러한 인물에게 해가 될 가능성이 더 작다.

극단적 고독의 위험

고독 역시 극단적으로 치달을 경우엔 은둔자의 성향을 엄격하고 근엄하며 완강하게 만드는 까닭에 사회적 즐거움을 추구하기에 부적합해진다. 그가 취하는 개념들은 그가 처한 상황만큼이나 특이하고 추상적이며, 완강하고 집요하게 그것들을 고수하게 된다. 그는 이전의 잘못과 편견에 애착을 가지고 간직하며 자신과 정서적으로 상반되는 이들을 경멸한다.

그런가 하면 무분별한 사회적 교류는 마음을 유순하게 하고 사람과 사물에 대한 판단을 정확하게 하는 효과가 있다. 세상으로 나가면 모든 주제가 긴밀히 검토되며 모든 질문이 비평적으로 논의되기 때문이다. 논란과 반대의 정신이 진실을 이끌어 내는 한편 마음은 합리적 조사를 시작하게 되므로 그 힘이 강화되고 확대된다. 그러나 은둔자의 마음은 줄곧 자기만의 추론 과정과 대상의 한쪽 면만 바라보는 습관으로 국한된다. 따라서 다양한 주장에 부여되는 각각의 중요성을 제대로 인식하지 못하거나 확신이 없는 경우에는 어느 편이 더 진실한지 판단하기 어렵다. 어떠한 주제든 다양한 의견이 섞이게 되면 자유롭고 진보적인 논의가 유발되기 마련이며, 이는 고독에서 비롯된 선입관이 한결같이 막으려 하는 이점이다.

이처럼 그 숭배자들의 힘과 견해에 위험한 확신을 심어주는 고독은, 이를 통해 양산되고 조성된 오류와 결함에 연연하도록 할 뿐 아니라 이를 자랑스럽게 여기도록 강권한다. 지위가 높고 부유한 자가 사유지에 거주하며 거만한 태도와 독단적 성향을 띨 경우, 솔직하고 허심탄회한 행동과 자신을 낮추는 태도, 자유로운 정신 등과 얼마나 거리가 멀어지는지는 빈번히 관찰되는 바다. 그러한 양상은 정중하고 진보적인 신사를 특징짓는 것으로 그를 존경과 기쁨의 기운으로 감싸지 않던가!

플라톤은 '아집과 자만은 고독한 삶의 불가피한 결과'라고 말한 바 있으며, 이러한 사실은 실제로 목격되는 빈도로 볼 때 분명 정당화될 만하다. 은둔을 택해 고립되어 타인의 견해를 접할 일이 없거나 자신의 것 외에 다른 이의 판단을 듣지 못하는 이들은 자신의 이해에 일종의 폭정을 세워두고 진리의 발견에 필요한 지성의 자유로운 이동을 저지한다. 그들은 면밀한 논리적 검토를 경멸하고 거부하며 자신들의 주장을 검토하려는 모든 시도를 물리친 채 생각의 오류를 드러낸다. 진리의 이름으로 포장하고 부인할 수 없는 자명함으로 오인하는 그들의 선입견은 마음속에 너무도 깊이 자리한 나머지 그것이 근절되거나 제거된다는 생각조차 견딜 수 없게 된다. 그들은 또한 자신들의 선입견이 애초에 적절한 검토 없이 받아들여진 데다 하급자들과 종속자들의 암묵적 동의와 찬성을 통해 확정되었기에 그것이 논란의 시험대에 오르는 것을 두려워한다.

지식인의 경우

여러 시인들과 철학자들이 더없이 행복하고 이로운 것으로 열의를 다해 표현한 고독조차도 기쁨에 겨운 그 숭배자들에게 해로울 수 있음이 빈번히 입증된 바 있다. 대개 문인들은 상류 사회 출신의 인물들에게 고귀한 정신을 부여하고 그들을 화려하게 포장해 주는 태도에 지나칠 정도로 주의를 기울이지 않는다. 문인들의 경우 세상과의, 혹은 상호 간의 자유롭고 친근한 교류를 통해 학업적 습관에서 비롯된 졸렬함을 다듬는 일이 좀처럼 없다. 사회로부터 고립된 상태로 추상적 가치를 추구하는 까닭에 그들은 현학적 어법과 무뚝뚝한 태도, 형식적 개념, 자신들의 난해한 연구에 대한 편파적 애착을 취하곤 한다. 그들은 일반적 대화 주제와 보통의 사교적 오락을 부당하리만큼 경멸한다. 또한 자만심과 이상적 우월감에 눈이 멀어 자신들의 잘못을 알아차리지 못한다.

  문인들의 이러한 성향을 바로잡는 일은 도덕적 이해와 미래 세대의 태도와 관련해 너무도 중요한 것으로 간주되었다. 이에 가장 영향력 있는 독일의 설교사가 제국에서 제일 고상한 도시의 설교단으로 나아가 강력한 웅변으로 일반 학자들에게 호소하기에 이른다. 즉 문인들의 습관에 녹아들기 쉬운 그러한 결점들은 그들의 총기를 훼손할 수 있기에 이를 끊임없이 경계하라고 말이다. 그 설교사는 또 그들의 이질적 행실과 비사교적인 태도, 거만한 행동, 그리고 문맹인에 대한 노골적 경멸을 떨쳐야 한다고 언급했다. 몇몇 문인들은 해당하지 않겠지만, 대다수는 문맹인들에게 경멸을 드러내는 까닭이다. 또 학식 면에서 열등한 시민들도 친절과 관심으로 대하고, 그들이 하는 말을 정중히 경청할 것이며, 그들의 잘못을 관대하게 여겨야 한다고도 했다. 더불어 그는 그들의 결점을 연민과 아량으로 바라보고, 가벼운 설득을 통해 진리와 과학의 길로 그들을 인도해야 한다고 말했다. 그뿐만 아니라 온건한 방식으로 그들을 구슬려 지식을 접하게 하고, 대화와 담론의 주제를 청자인 문맹인들의 이해 수준에 맞게 낮춰 그들이 즐거운 마음으로 가르침을 받도록 해야 함을 덧붙였다.

> 양식과 학식은 존경을 득하고,
> 유머와 재치는 적절히 취할 때 웃음을 낳는다.
> 고결한 미덕은 감탄을 자아내지만,
> 훌륭한 성품만이 마음을 울린다.
> 그것은 육체에 자연스러운 우아함이 배도록 하며,
> 얼굴을 속속들이 밝힌다.
> 또한 세련되지 않은 언변을 유려하게 다듬으며
> 최고의 지각에 신념을 더한다.

학식과 양식은 그 습득 정도에 상관없이 오로지 타인의 행복 증진을 위해 활용될 때 그 소유자까지 행복하게 할 수 있다. 이를 위해 때때로 조급해하지 않고 따분한 우스갯소리를 참아내며 무지한 이들의 견해를 기꺼이 경청해야 한다. 그러나 무엇보다 자신의 우월함을 드러내고 타인의 희생을 바탕으로 돋보이고자 하는 의향을 조심스레 피할 줄 알아야만 한다.

학식과 지혜의 구분: 플라톤

학식과 지혜는 오만하고 자만심이 큰 학자들에 의해 혼동되긴 하지만, 어느 모로 보나 같은 의미가 될 수 없으며, 오히려 종종 꽤나 상반되는 뜻을 지닌다. 학자들은 자신이 지닌 탁월한 재능에 대해 종종 드높은 감탄을 품고, 자신의 성향과 가치에 원대한 중요성을 부여하곤 한다. 그러나 이는 참된 지혜의 근간이 되는 인간과 사물에 대한 적절한 판단을 이끌어 내는 대신 상상력에 거품을 일으켜 가장 허황되고 어리석은 결과를 낳을 따름이다. 따라서 문학의 추구를 자랑스럽게 여기는 여러 학자들은 공허하고 무익한 학문을 끈덕지게 좇을 뿐 뽐낼 거리라곤 없는 셈이다. 그러한 학문은 마음에 이는 감정의 폭을 줄이고 정신력을 저하시킬 따름이다. 참된 지혜와 미덕은 책과 인간에 대한 일반적이고 포괄적인 지식에서 비롯된 폭넓은 견지의 산물이라 할 수 있다.

그러나 관심사를 오로지 책에만 국한시키고 바깥세상에 흥미나 우려를 느끼지 못하는 학자들은 각자의 학문적 영역에 포함되지 않는 대상이라면 전부 경멸한다. 케케묵은 작품들을 파고드는 그들은 우리가 살아가는 현시대의 풍습을 향해 꽤나 이질적인 감상을 키우고, 시대적 유행에 뒤처진 이들만큼이나 우스꽝스러운 견해를 형성한다. 또 타인이 이해할 수 없는 체계를 정립해 두고, 너무도 모욕적이고 불합리한 주장을 고수한다. 그리하여 그들이 사회에서 습득한 학식을 대놓고 드러내려 할 때마다 마치 밤의 새처럼 경멸 섞인 비웃음을 사며 일상적 어둠 속으로 내몰리고 만다. 많은 학구적 인물들은 오만과 주제넘음, 허영심과 자만으로 잔뜩 부풀어 오른 탓에 벗들의 심기를 건드리지 않고 적들에게 승리의 빌미를 제공하지 않는 방향으로 의견을 피력할 줄 모른다. 또 그들이 제공하고자 하는 조언과 가르침에는 과시적 현학이 배어 있어 자신들이 촉진하고자 하는 바를 그르치고 만다. 그리하여 그들은 명예로운 찬사를 얻는 대신 수치스러움을 뒤집어쓰게 되는 것이다.

아테네 철학자들로 이루어진 학계의 저명한 수장인 플라톤은 저급한 악덕과는 전적으로 거리가 멀었다. 그렇기에 그를 시대의 우상이자 후대의 존경받는 인물로 만든 숭고한 상상력과 신성시된 지성을 평범하고 일상적인 대화 속에서 굳이 드러내지 않았다. 디오니시우스 2세가 초대한 시라쿠사Syracuse에서 복귀한 그는 올림피아를 방문해 올림픽 경기를 관람했다. 당시 그는 가장 훌륭한 외국인들을 위한 좌석에 배정되었으나 그중 개인적으로 친분이 있는 자는 없었다. 그들 중 일부는 그가 대화 중 보여준 편안함과 정중함, 지혜, 쾌활함에 만족하여 아테네까지 그와 동행했다. 그리고 마침내 아테네에 당도했을 땐 플라톤과의 면담 주선을 요청하기에 이르렀다. 그리고 그가 '내가 바로 여러분이 만나고자 했던 사람이오'라고 말했을 때 그들이 느낀 기쁨과 만족은 그저 놀라울 따름이었다. 그들은 미처 그 탁월함을 알아차리지 못한 채 여정을 함께했던 이 상냥하고 유쾌한 이가 당대 최고의 학자이자 가장 심오한 철학자임을 비로소 깨달았던 것이다! 이 비범한 인물은 학구적인 은둔 생활 때문에 그의 도시적 태도와 정중함이 줄어드는 일이 없었고, 마음을 사로잡는 편안하면서도 매력적인 태도 역시 사라지지 않았다. 그는 사회적 즐거움을 누리려면 반드시 필요한 편안함과 겸손함을 고립 때문에 박탈당하지 않도록 지혜롭게 조처했다. 오늘날의 두 저명한 철학자인 지혜로운 멘델스존Mendelssohn과 쾌활한 가르베Garve처럼 그 역시 고독이 선사할 수 있는 모든 혜택을 이끌어 내고자 했다. 나약한 정신의 소유자들에게 빈번히 가해지는 고독의 해로움으로 고통받는 일도 없었다.

학구적 인물의 사회적 고난

학구적 인물들은 대개 세상은 물론 사적인 공동체와의 교류를 위해 반드시 필요한 사회적 대화 능력과 정중한 태도, 세련된 관심사의 함양을 등한시하곤 한다. 그러나 상류 인사들은 평소 그들이 노력하는 것 이상의 세련된 예의범절과 정중한 태도를 기대한다. 사실 상류층은 학식 있고 추상적인 부류의 서투름을 줄곧 조롱한다는 점에서 충분히 비난받을 만하다. 학구적 방문객의 태도적 결함을 대하는 그들의 엄격함은 참된 정중함의 우선적 규칙을 위반하는 것이다. 그 규칙이란 양식과 온화함의 조화로운 결합으로 이루어지며, 두 자질 모두 엄격함과는 다른 성격의 행동을 지시한다. 더불어 사소한 결함을 득의양양하게 노출시키기보다 우호적으로 은폐시켜 줄 것을 유도한다. 미숙한 학구적 인물은 결함 있는 자신의 태도를 누릴 권리가 있다. 미처 습득할 기회가 없었던 풍습을 자연스럽게 실천할 순 없는 노릇이니 말이다.

세련된 삶을 사는 이의 입장에선 그의 금욕적 태도와 내성적 성향, 오류, 무례함이 터무니없어 보일 수 있다. 하지만 이 때문에 그를 조롱한다면 이는 주변의 분위기에 맞추려는 그의 노력을 짓누르고 꺾는 셈이 되므로 공공 이익을 해하는 격이다. 고독과 문학이라는 추상적 목표를 추구하는 데 많은 시간을 할애하는 이들이 기민한 사고와 다채로운 표현, 유연한 태도, 화려한 유머를 갖출 수 있을까? 그러한 자질들은 혼합 사회에 기분 좋게 속하며 세상과 꾸준히 교류함으로써 얻을 수 있는 것이다.

고대 음악과 춤을 다룬 저명한 작가 미에봄Miebom과 노드Naude는 언젠가 궁에 오락거리를 제공하고자 한 스웨덴 크리스티나 여왕의 바람에 따라 대중 앞에서 한 사람은 노래하고 다른 쪽은 춤을 추었다. 당시 그들이 느꼈을 법한 혼동과 당혹감을 두고 궁정 신하들이 즐거워한 것은 잔인하고 부당한 처사였다.

좀 더 용납하기 힘든 경우로 프랑스 상류층의 짓궂은 자들을 들 수 있다. 그들은 저명한 수학자 니콜Nicole이 단어를 오용했다는 이유로 많은 사람들 앞에서 그를 조롱거리로 만들었다. 파리의 어느 상류층 여성은 곡선 이론에 관해 크게 인정받은 심오한 논문을 펴낸 니콜이 과학계에서 아주 유명하다는 소문을 접했다. 그녀는 특출한 재능을 지닌 모든 이들의 후원자이자 절친한 친구로 간주되길 바랐고, 자신의 파티에 초대장을 보내 그가 거절할 수 없도록 했다. 그런 모임을 접해보지 않았던 이 관념적 기하학자는 어여쁜 여주인과 그녀의 유명한 친구들로부터 정중한 환대를 받았고, 그와 같은 장소에서 으레 느껴질 법한 어색함과 당혹감에 휩싸였다. 자신에게 말을 걸어오는 사람들의 견해에 일일이 답하며 불편한 밤을 보낸 그는 그 과정이 복잡한 문제를 푸는 것보다 훨씬 더 힘들다고 느꼈다. 마침내 떠날 채비가 된 그는 안주인으로서 그녀가 베풀어 준 관대한 초대와 정중한 관심, 대단히 정중한 환대에 감사를 표시하며 장황한 인사를 늘어놓았고, 다음과 같은 절정의 찬사를 언급한 직후 연회장을 떠났다. '어여쁜 그대의 사랑스러운 작은 두 눈은 지워지지 않을 인상을 남겼으니.'

하지만 그와 동행한 어느 상냥한 벗이 그에게 속삭여 말하길 그는 여주인에게 아주 형편없는 칭찬을 남겼다고 했다. 남녀를 막론하고 작은 눈은 보편적으로 지대한 결점으로 간주되니만큼 그녀의 눈이 작다고 말한 것은 잘못이라는 거였다. 자신의 무고한 실수에 크게 당혹스러워진 니콜은 자신이 기분을 거스른 여성에게 사죄하기 위해 연회장으로 돌아갔다. 그는 그녀와 같이 고결하고 우아하며 뛰어난 인물에게 '작은'이라는 표현을 잘못 적용한 자신을 용서해 달라고 간곡히 청했다. 더불어 일평생 그처럼 아름답고 커다란 눈과 커다란 입술, 커다란 손,

크나큰 인격을 본 적이 없노라고 덧붙였다.

전문적으로 학문을 추구하는 학생들의 경우 젊은 시절부터 은둔과 고립이라는 테두리 안에 갇혀 사회에 녹아들려는 시도조차 하지 못하게 된다. 나이가 차거나 직업적 습관 탓에 사회적으로 어울리지 못하게 되기도 전에 말이다. 적극적 사회생활을 처음으로 시작하는 학생들은 이전에 습득한 투박한 태도를 떨치려 거듭 시도하지만, 무시와 조롱을 경험하며 낙담하게 되고 결국 불쾌한 앞날을 뒤로하고 본래의 어둠 속으로 빠져든다. 품격 있고 밝은 부류에 들어맞는 요령을 영영 습득하지 못한 채로 말이다.

또 어떤 이들은 은둔의 학구적 삶이 선사하는 고요하고 이성적인 즐거움을 보다 활발하고 시끌벅적한 대중적 사회에서 비롯된 즐거움으로 대체하려 시도하기도 한다. 그러다 그 과정에서 세속의 풍습이나 원칙이 자신의 원칙과 취향, 성향에 반함을 알아차리게 되면 그 즉시 사회적 활동을 포기하고 사회의 소용돌이로 진입하기 위한 향후의 모든 시도를 중단하게 된다. 그러고는 선호하는 은둔의 삶으로 잠자코 조용히 물러나 지극히 성향이 다른 사람들끼리 어울리거나 서로의 영역을 침범하는 건 옳지 못하다고 여긴다. 그런가 하면 사회를 회피하는 다수의 학구적 인물들은 모든 정신을 작품에 쏟아부었기에 지니고 있던 학문적 내용이나 흥을 죄다 소진했다고 생각한다. 그리하여 그들은 자신들이 빈 병이나 짜버린 오렌지처럼 무시당하고 소외될 것이며 더 이상 사교적 즐거움에 기여할 수 없어 경멸의 대상이 될 거라고 짐작한다.

그러나 좀 더 견고한 양식과 더 나은 판단력을 지닌 이들이 분명 존재하며, 이들은 떠들썩한 대중적 삶에 수반되는 모임들을 기꺼이 포기하고 즐겁고 평온한 전원에서의 고독을 누리기 위해 은둔을 택한다. 이는 대중의 인정을 구하는 자들치고 공정한 사고를 즐기거나 이성적 고찰이 가능한 이를 그들이 거의 만나지 못한 까닭이다. 그런가 하면 그들은 지혜와 학식으로 가장한 데다 자만심으로 가득 찬 경박한 무리를 마주해야 한다. 그 무리는 폭동을 선동하는 주모자들처럼 몰려다니며 시끄럽고 폭력적인 방식으로 진리의 진척과 이성의 행사를 반대한다.

사회의 필요

이와 같은 감정은 종종 유용한 지식과 뛰어난 재능을 겸비한 인물들을 사회에서 몰아내고 만다. 그들의 자질을 통해 인류가 가르침과 즐거움을 받을 수 있었음에도 말이다. 이런 경우 아마도 개인적 손해는 미미할 것이다. 사회적 고립으로 말미암아 개인적으로 체감하는 위안 역시 증가할 수 있다. 그러나 진리와 양식의 이해관계는 이로써 크게 훼손될 수 있다. 인간의 마음이 아무리 그 자체로 강력하고 정통하다 해도 타인과의 충돌을 통해 다듬어지고 세상의 풍습을 접하며 품위를 더해갈 때만큼 혜택과 효과를 창출하며 에너지와 학식을 활용할 순 없다.

실제 주변 인물들과 세상의 풍습을 접함으로써 우리는 가장 적절하고 필요한 곳에 우리의 정신력을 집중시킬 수 있다. 또 선을 최고로 행사하여 그 목표하는 바에 이를 수 있도록 하는 수단을 찾아 갖출 수 있다. 그리하여 도덕은 비로소 가장 빛나는 색을 입고 취향은 최고의 정제미를 발하며 진리는 가장 아름다운 대상을 향한다. 가장 지혜로운 최고의 철학자들은 사회라는 드넓고도 위험한 학교를 통해 습득한 지식에 대해 사회에 의무를 지고 있음을 인정하고, 인류에 대한 탐구를 강력히 권고했다. 그들은 다양한 계층에 대한 안목을 키우는 것이야말로 선의 아름다움과 악의 결함을 알아가는 최고의 수단이자 현세의 행복을 향한 참된 길로 들어서는 방편임을 피력했다.

> 아, 선이여, 불멸의 선이여! 기쁨을 주는 존재여,
> 자연의 자녀, 편안함의 근원
> 삶에 축복이 깃들도록 하네.
> 계층을 가리지 않고 상냥하고 충실한 벗이 되지.
> 노역의 장에서 본질을 고무시키고
> 무기력한 뺨을 어루만지고 결핍을 움츠러들게 하네.
> 미트라에서 때 묻지 않은 한 줄기 빛으로 빛나고,
> 산꼭대기에서 환한 빛을 발하며 별을 반짝이게 하네.
> 탁월함에 힘을 싣고 야망의 날개를 펼치도록 하지.
> 성자와 같은 왕비를, 신격화된 왕을 빚어내니,
> 슬픔과 억압, 질투, 경멸을 이겨내고
> 오두막을 베르사유보다 멋진 곳으로 변모시키네.

자유롭고 허심탄회하게 아무런 제약 없이 사람들과 교류하게 되면 타인의 특성을 받아들일 수 있게 됨은 물론 우리의 마음과 태도를 내 것과는 다른 원칙과 견해, 성향에 맞추는 법을 터득할 수 있다는 이점이 있다. 무릇 학식 있고 지혜로운 자가 문맹인과 교류하려면 대단한 인내심을 발휘하고 비정상적으로 보이는 점들을 보아 넘기며 은둔한 인물들에게 고착화된 성가신 감정들을 참아내야 한다. 또 세상 사람들에게 성공적으로 미덕을 전파하려는 철학자라면 어느 정도 악의 비위를 맞춰야 하며 때로는 그가 타파하려는 어리석음조차도 받아들일 줄 알아야 한다. 지혜를 고취하기 위해서는 소크라테스와 빌란트를 본보기로 삼아야 하며, 가혹하고 반발심을 부추기는 반사회적인 도덕률을 멀리하고 오로지 친근하고 만족스러운 요소만을 채택해야 한다.

내 동포이자 벗이라고 자랑스럽게 일컬을 수 있는 어느 현대 독일 작가는 '프랭클린의 작품과 천재성에 관한 논평'이라는 자신의 글을 통해 비평가의 기민함과 식별력을 담아 이렇게 말한다. "위대하고 탁월한 인물의 작품은 과장된 문체와 학문적 거창함과는 거리가 멀다. 그러한 요소는 작가들의 작품을 빈번히 훼손하고 그들이 의도한 효과를 내지 못하도록 저해할 따름이다."

프랭클린은 가장 추상적인 원칙을 쉽고 친근하게 써낼 줄 알았다. 그는 유쾌한 이야기와 생동감 있는 모험담, 혹은 해학적 논평을 통해 자신이 설명하고자 하는 바를 전달했다. 그의 글 쓰는 방식은 인간사에 대한 친근한 관심을 표현함으로써 감동을 주며, 그가 다루는 내용은 가장 건전한 도덕적 원칙과 모범적 정책을 독자들의 마음에 불어넣는다. 또 그는 공상을 이성의 시녀로 삼아 과학을 연구하며, 애정이라는 매개를 통해 이해를 꿰뚫는다. 이러한 그만의 매력은 그의 작품 곳곳에 스며들어 있다. 그는 글의 힘으로 독자들의 관심을 집중시키고, 글의 내용을 꾸미는 온갖 유쾌한 이미지들을 통해 지루함을 덜어준다. 명료한 문체와 한결같이 쉽고 유려한 글의 전개는 그의 사상에 생명력과 활기를 더한다. 따라서 독자는 기쁨으로 가슴이 벅차오르는 한편 그 가르침이 내면에 스며듦을 깨닫게 된다.

이처럼 돋보이는 이점들은 전적으로 그가 세상을 공

부하고 인간에 대한 정확한 지식을 습득했기에 도출된 것이다. 실제로 작가는 고독한 가운데 방대한 지식을 습득할 수 있지만, 그 지식의 활용법을 배울 수 있는 장은 오로지 사회뿐이다. 세상 사람들을 가르치기에 앞서 우리는 우선 세상의 온갖 어리석음과 악을 차분히 살피며 바라볼 줄 알아야 한다. 또, 그 어리석음과 악을 인간의 나약함에 따른 불가피한 결과로 간주하여 분노하지 않고 돌아보며, 온화한 태도로 대해야 한다. 더불어 바로잡고자 하는 타락한 자들의 심기를 거스르지 말아야 한다. 그 성향이 친절하고 호의적인 이라면 자신의 미덕과 지식, 재능이 얼마나 뛰어나든 타인의 감정을 상하게 하는 일이 결코 없다. 소크라테스와 같이 그는 자신이 전하는 가르침을 몸소 받아들이는 것처럼 보일 것이다. 괴테는 친절이야말로 사회를 한데 엮어주는 황금 사슬이라는 훌륭한 말을 남겼다. 기쁘게도 이 비범한 인물과 이야기를 나눠본 사람이라면 그가 온화하고 친숙한 대화를 통해 자신의 천재적 힘을 누그러뜨리려 애쓰며 느꼈을 법한 불안을 감지했을 것이다.

진실된 관계가 주는 기쁨

고립에서 비롯된 습관 때문에 어색한 분위기를 풍기는 문인일지라도 인간적으로 필요한 일반적 솔직함으로 타인을 대하고 참된 도량을 바탕으로 관용과 붙임성을 발휘한다면 대개는 크나큰 정중함과 배려를 받게 될 것이다. 그러나 아! 우리가 그토록 필요로 하고 (오만하게도) 기대하는 친절과 정중함을 취할 자격이 있는 자가 몇이나 되던가! 타인의 높아가는 위상을 꺾으려 촉각을 곤두세우는 자라면 과연 그로부터 우정이나 존경을 기대할 수 있을 것인가? 우정은 오로지 솔직하고 진실하며 자유롭고 거칠 것 없이 행동함으로써 얻어지는 것이다. 그러나 시기와 질투로 가득 차 말을 내뱉기 전에 모든 감상과 감정을 조심스레 살피고 혀를 잘못 놀려 천하고 빈곤한 마음이 드러날까 경계하는 자, 다수의 사람이 무심코 지나치는 경박하고 무분별한 행동이나 사소한 잘못을 기어코 저지르는 자, 도덕적·지성적 탁월함을 포착할 때마다 가만히 투덜대는 자, 자신의 안녕을 기원하는 이들과 함께할 때조차 줄곧 경계와 주의를 늦추지 않으며 그들의 행동과 대화에 깃든 동기를 저울질하는 자라면 타인을 존경하지 못할뿐더러 스스로도 존경받을 수 없게 마련이다. 가장 험난한 역경 속에서도 마음에 온기와 생기를 부여하는 우정이라는 신성한 불꽃이 그처럼 냉담한 인물이라는 불씨에서 일어난다고 가정한다면 그것은 지나치게 터무니없는 일일 것이다.

정직한 신뢰를 바탕으로 자신의 충만한 감정을 충직한 벗에게 털어놓는 데서 오는 기쁨은 영원하고도 무한하다. 자신의 가치를 인정하는 대중의 관대한 음성에서 비롯되었든 혹은 시기 어린 경쟁자와 동시대인들의 주저하는 언어를 통해 이끌어 낸 것이든 명성의 획득으로 말미암아 느끼는 기쁨은 다음과 같이 당당히 외칠 수 있는 자의 환희에 필적할 수 없다. '나는 이 불행한 자의 마음에 다시금 희망을 주었고, 그가 확신을 가지고 평화를 누릴 날을 고대하도록 만들었다. 상처 입은 그의 영혼엔 위로와 평온함을 전하고, 피 흘리는 벗의 가슴에선 절망을 몰아냈다네!'

이러한 일을 행하려면 도움을 주고자 하는 이들의 확

신과 애정을 반드시 얻어낼 수 있어야 한다. 그러나 은둔의 삶을 살아가는 이들은 이처럼 위대하고 필수적인 자질을 지닌 경우가 극히 드물다. 그들은 대개 이러한 고차원적 선을 행하길 거부하지만, 그것이 감정을 고귀하게 하고 고양시킨다는 점을 알아야 한다. 이는 과학계에서 전대미문의 무언가를 발견하기 위해 가장 성공적인 연구를 진행하는 것보다 더 의미 있는 일이며, 새로움의 도움 없이는 진리가 퇴락할 것처럼 열렬히 추구하는 것이다.

어느 작가는 '충직한 벗이야말로 삶의 치유제'라는 마땅하고도 아름다운 말을 남겼다. 복잡한 세상사 가운데 사랑하고 신뢰할 수 있는 이에게 마음을 터놓는 것은 우리가 누릴 수 있는 주된 위로이자 안도일 것이다. 이기적 이익이라는 좁은 울타리 안에 갇힌 채 전적인 신뢰를 바탕으로 영혼을 열어 보일 수 있는 이가 없는 자야말로 비참하다 하겠다. 줄곧 헛된 제안에 귀 기울이며 자신의 허상적 기지와 재능을 무분별하게 칭찬하거나 자기중심적 견해를 결코 부정하지 않는 자에게만 친근함을 느끼는 이라면 우정을 나누기에 적합하지 않을뿐더러 존경받을 자격도 없다.

    이처럼 주변 사람들과 참된 교감을 나눌 수 없는 성향은 주로 학문에 몰두하고 은둔을 즐기는 자들에게서 두드러진다. 과학계에서 명성이 높은 이들로 세련된 감성을 지닌 듯하며 줄곧 자비의 미덕을 공표하는 이들이 있다. 그러나 유감스럽게도 그들은 고통받는 이들에게 미덕을 행할 것을 요청받는 순간 그 호소에 귀 기울이지 않고 형편없는 변명을 지어내며 적극적 지원을 거부한다. 이는 그 고통받는 이들이 그들의 지나친 추측을 승인하지 않거나 그들이 만들어 낸 비현실적 개념과 이상적 체계를 받아들이지 않았기 때문이다. 주변인들이 자신의 헛된 자만심을 도외시하거나 이에 무관심하다고 해서 일반적 관용을 베풀지 않는다면 그는 참된 벗을 구하지 못할 것이며 누군가의 참된 벗이 될 수도 없다. 사실 문학계에는 어리석고 열등한 부류가 존재하며(앞서 마지막으로 기술한 부류에 비해 더 열등할지는 모르겠으나), 이들은 자신들의 최신 작품을 어디든 들고 다니며 마주치는 이들에게 끈덕지게 이를 읊어대고는 그 재능을 전적으로 인정해 주길 기대하곤 한다. 그리하여 그들은 늘 불쾌하고 성가신 존재가 되어 존경받기는커녕 역병이나 기근만큼이나 끔찍해지고 만다. 따라서 그 재능이 진실로 특별한 자라면 이처럼 억지 찬사로 자만심을 채우려는 야심을 멀리할 것이다. 그럴 경우 듣는 이들의 마음을 얻는 건 고사하고 우스꽝스러운 꼴이 되는 건 물론 존경받을 기회조차 죄다 잃게 될 것이다.

...

그러나 학구적 인물들이 홀로 은둔하는 습성과 사회적 풍습을 등한시함으로써 겪게 되는 불이익들을 무분별하게 적용해서는 안 된다. 고립된 서재에 잠자코 자리하고 앉아 본질에 반하는 천재성을 주장하는 퉁명스럽고 무례한 현학자들은 질투와 의심, 부정한 찬사라는 비열하고도 적절치 못한 방법을 이용하는 자들이다. 이와는 달리 고요하고 행복하며 명예로운 삶을 영위하는 자는 탄탄한 이해력을 함양하고 감성을 향상시키는 데 몰두한다. 그는 지식의 활용과 천재성을 바탕으로 자유로운 정신을 통해 시대적 취향을 이끌어 가며 질투 없는 시선으로 동료들을, 존경의 시선으로 상급자를 바라볼 줄 안다. 또 자비심을 바탕으로 자신이 가르침을 전파하는 대중에게 관용과 애정을 느낀다. 그는 자신에게 깃든 진정한 위대함을 바탕으로 저급한 농담이나 근거 없는 풍자를 이용해 자신의 중요성을 끌어올리려 하지 않는다. 굳건한 기질의 그는 게으른 나태나 비굴한 우울함에 빠지는 일이 없다. 그는 자신의 직업을 오로지 인류를 이롭게 하는 수단으로 간주하며, 진리를 위해서라면 기꺼이 청렴함과 고결한 위엄으로 인내할 줄 안다. 그의 지적 자산은 사회적 결핍을 충분히 메우고, 드넓은 마음은 유용한 지식을 더욱 축적할 수 있도록 한다. 그는 분별력을 바탕으로 자신이 탐구하는 주제를 설명할 수 있으며, 자신의 지식 추구만큼이나 타인의 유익한 학문적 발견을 촉진하는 데서 크나큰 기쁨을 느낀다. 또 그는 동시대의 전문가들을 질투의 대상인 경쟁자들이 아닌, 과학이라는 고결한 목표를 추구하고 인류의 도덕률 향상을 위해 노력하며 경쟁하는 관대한 벗들로 간주한다.

존경과 행복을 두루 누려 마땅한 이러한 성향의 인물들은 유럽 전역에 걸쳐 학계 안팎으로 자리한다. 그들은 고독에서 비롯된 오류와 부조리에 굴하지 않고 세속적 즐거움을 추구하는 이들이 학구적인 은둔의 삶을 사는 이들에 대해 느낄 법한 일반적 반감을 억누를 수 있도록 본보기를 제시한다.

IV
고독이 상상에 미치는 영향

SOLITUDE

상상의 힘은 대단하다. 특정 상황에서 온화하고 분별 있는 기질의 사람들에게 적용될 경우 상상력에서 비롯된 효과는 특별하고도 놀랍다. 반면 교란된 상상에 이끌린 자들은 명랑하고 즐거운 장소를 떠나 음울하고 황량한 곳에서 위로와 휴식을 찾게 된다. 왜곡된 상상력은 불행한 대상들을 극단으로 몰고 가 그들로 하여금 최악의 굴욕을 감내하고 자연의 혜택을 거부하도록 한다. 또 겨울의 날카로운 추위와 여름의 맹렬한 열기를 마주하게 하고 터무니없이 병적인 공상에 빠져 허우적대게 만든다.

이처럼 끔찍한 결과들은 언뜻 보기에 초자연적 원인

때문인 것으로 보이며, 우리의 감각을 휘젓고 이성적으로 이해할 수 없는 현상인 양 혼동을 불러일으킨다. 그러나 냉정하고 면밀하게 그 원인을 탐구할 때 그러한 환상은 사라지고, 실제 근원과 인간의 자연적 구조로 귀결된다. 은둔자 앤서니Anthony의 터무니없는 생각은 그의 타고난 성격과 성향에서 비롯된 것이었다. 음울한 은둔처에서 지내던 그는 마왕이 아름다운 여인의 형태로 나타나 자신의 감각을 괴롭히고 휴식을 방해하는 공상을 하곤 했다. 이렇듯 그의 병적인 공상은 악령을 상기시켰으며, 사실상 그의 억제되지 않은 열정과 자제할 수 없는 욕망 안에 자리했다.

… 공상이 모두에게 건네는
고혹적인 잔, 방심한 젊은이는 갈증을 느껴
시르케의 술을 넘기네.
그리하여 이성의 눈엔 불길한 색조가 드리워져
분별력을 잃은 그는
오로지 그릇된 삶을 살아가지.
왁자지껄 격분한 무리는 그를 왕좌에서 몰아내고

모든 건 대소동에 휩싸이네.
그러므로 분주한 마음은
혼미한 정신으로 희망에 헐떡이며
반짝이는 기적을 꿈꾸지.

    고독은 놀라울 정도로 상상력을 불러일으켜 강화하므로 이로 인해 이성적 지배력의 효과는 감소된다. 이성적 지배력은 제대로 된 분별력과 용의주도함으로 상황을 검토하고 생각과 사물의 여러 가지 특성들을 서로 비교한다. 또 냉철하고 신중하게 살핀 끝에 상호 간의 조합과 효과를 고려해 올바른 생각을 이끌어 낸다. 따라서 이성이 지배력을 행사하면 격정적 행동을 멈추고 열정적 욕망을 약화시킬 수 있다.

    반면 공상은 가볍고 변덕스러운 날갯짓으로 공허하게 움직여 제대로 살피지도 않고 대상 주변을 선회하며 마음에 드는 형상이라면 무엇이든 품어 기쁨을 증대시킨다. 판단력은 감각과 성찰을 통해 습득한 생각을 분리 및 결합시키고 일치 혹은 불일치를 결정하며 확률이라는 매개를 통해 진리를 좇는다. 그러나 상상력은 허울뿐인 형상을 키워내고 자연계에 알려지지 않았을뿐더러 진리에 반하는 것들의 형상을 그린다. 물론 상상력은 기억의 경우와 같이 마음속에 각인된 후 사라진 생각들을 되살리는 힘이 있다. 그러나 기억과 다른 점이라면 그 힘이 미치는 대상을 바꾸고 확대하며 다각화하는 한편 종종 왜곡하기도 한다는 것이다.

> 그것은 알려지지 않은 것들의 형상을 구체화하고
> 아무것도 아닌 공허한 대상들에게
> 적절한 장소와 명칭을 부여한다.

제멋대로 날뛰는 공상과 혼란스러운 상상을 통해 마음을 사로잡은 불규칙적이고 걷잡을 수 없는 욕망은 오로지 고독에서 비롯된 것이라 할 수 없다. 우리는 장소와 상황을 막론하고 지혜 또는 어리석음을 택할 수 있지만, 불행히도 인간의 마음은 가장 적절하지 못한 쪽으로 치우치는 경향이 있다. 따라서 나는 몇 가지 일반적 견해를 들어 마음을 그릇되게 인도하여 타락시키는 상상력이 어떠한 경우에 고독을 통해 잘 발현되는지 제시해 보려 한다.

상상의 작동 방식

상상력은 유형적 대상이 존재하지 않음에도 그 대상을 그저 파악하는 것을 말한다. 대상의 부재를 고찰한다는 점에서 상상력은 감각과 구분되며, 이로 인해 일부 형이상학자들은 이를 두고 기록적 감각recorded sensation이라 일컫게 되었다. 이 위대하고 비범한 정신적 능력을 제대로 규제하고 적절히 관리하는 데 따라서 삶의 행복 혹은 고통이 크게 좌우된다. 그러므로 상상력은 신체적 감각기관을 통해 받아들이는 정보와 도덕적 지각력을 통해 도출되는 견해의 조화로운 조합으로 이루어져야 마땅하다. 그럼에도 그것은 변덕스럽고 잘못 형성된 온갖 이미지들이 뒤섞여 구성되는 경우가 너무도 빈번하며, 그 자체로 진실할 때도 종종 적용 방식에 오류가 있다.

만일 순환하던 혈액이 특정 신체 부위에서 갑자기 멈추게 되면 그 사람은 문제가 있는 부위를 바늘로 찔리는 상상을 하곤 한다. 이 경우 그 감각은 실제적이지만, 도출된 결론은 잘못되었다 하겠다. 따라서 정신적 착각이 일어날 경우 우선 상상력이 작용하기 시작하면서 어떠한 사실을 부여잡게 되고, 우리의 마음은 그 사실의 본질을 불분명하게 파악하고 있기에 모든 연관성과 의존 관계를 바탕으로 그것을 추적해 내고자 한다. 이 과정에서 이성은 오류라는 어두운 길로 잘못 들어서게 되는 것이다. 이로써 발현되는 터무니없는 추측과 과장된 견해는 헤아릴 수 없을 정도다.

  상상력은 모든 자극을 열렬히 수용하며, 격정이 상상의 눈부신 왕좌를 에워싸고 그 명령을 받든다. 사실 이 둘은 상호적으로 작용한다. 상상력은 상반되는 생각을 마음에 쏟아 붓고는 그 부조화를 무시한다. 그 떠들썩함 가운데 이성이라는 차분한 질문자의 음성은 들리지 않으며, 열정의 이글대는 불꽃은 가장 선호하는 형상에 생기를 불어넣고 이를 확대시킨다. 이러한 한 줄기 정신적 광선을 통제하거나 규제하고 가라앉힐 힘이란 남아 있지 않다. 그 광선은 영혼을 선동하여 열렬한 열정으로 밀어 올리고, 지나친 미신 속으로 몰아간다. 그렇지 않으면 광신이라는 맹렬한 광분의 소용돌이에 영혼을 빠뜨리고 만다.

강한 격동이 모든 부분을 지배하니

가슴은 헐떡이고 뛰는 심장은 부풀어 오르네.

열정에 관하여

열정이란 '정신적 황홀경'으로 영혼의 생생한 도취 상태이며 위대하고 고결한 대상을 추구하거나 그에 대해 사색함으로써 발현된다. 그러한 대상의 색다름은 주의력을 일깨우고 그 진실함은 이해력을 집중시키며 그 장엄함은 공상에 불을 지펴 격정을 끌어들이므로 우리가 최고의 과업을 이행하도록 한다. 공정하고 정당하게 형성된 열정은 이성을 기반으로 삼으며 평범한 수준을 넘어 예술과 과학이라는 미지의 영역으로 우리를 인도한다.

실제로 이성적 열성가는 저속한 이들의 관점을 훨씬 뛰어넘기에 일반적 이해력을 지닌 이들은 맹목적 존경이나 냉혹한 경멸로 그를 대하는데, 이는 그의 참된 성향을 파악할 수 없기 때문이다. 또 그를 비범한 천재로 인정하는 이들이 있는 반면 누군가는 그를 불우한 미치광이로 간주하고 손가락질한다. 그러나 적절한 원칙을 토대로 한 열정의 힘은 정신력을 강화하고 활성화하여 용기를 잃지 않고 위험에 대항함은 물론 맞서기 힘들 것 같은 난관을 극복할 수 있도록 한다.

이러한 힘을 특출할 정도로 지닌 이들은 영감을 받았다고 간주된다. 또 그들의 위대한 업적은 신성하거나 초현세적 자연의 에너지로 여겨진다. 위대한 예술과 숭고한 과학, 고결한 인물이 탄생한 것은 분명 열정적 정신이 작용한 덕택이다. 품격 있고 철학적인 셰프츠베리 경 Lord Shaftsbury은 이처럼 강력하고 광범위한 자질의 부조리를 비웃었지만, 수많은 영웅과 정치인, 시인, 연설가, 그리고 철학자 자신들이 훌륭히 수행해 낸 업적이 열정의 결과임을 인정했다.

지독한 관능의 진탕에서 뒹굴며 그 상황이 만족스럽지 않다고 여기는 자라면, 떠들썩하게 방탕한 곳을 등지고 기쁘고 즐거운 고독과 평온함의 그늘에서, 평화로움이 샘솟는 곳에서, 장엄하고 푸른 숲에서 자신을 정비하여 이처럼 필수적인 요소를 확보하고 완벽한 탁월함에 이르고자 하지 않겠는가? 수심 어린 어둠을 뚫고 나아가

황금기의 눈부신 영광 안에 살며 온화하게 빛나지만 정확하고 순수한 사색을 통해 자연의 숭고한 역할과 이처럼 황홀한 감각을 관조함으로써 상상력의 고결한 열정을 얻고 싶지 않은 자 누구일까? 숲이 우거진 낭만적 풍광 속에서 고독한 가운데 자연의 역할에 대한 적절한 연구를 진행한다면 이것이야말로 진정한 열정을 불러일으키고 천재성을 가장 고귀한 절정으로 이끄는 방법일 것이다. 그러나 그러한 시도는 위험하다 하겠다. 때때로 공상이 마음속에 군림하지 않는 자는 드물다. 이를 두고 어느 저명한 작가는 이렇게 말한 바 있다.

"허구의 힘에 탐닉하며 상상의 나래를 펼치는 것은 종종 침묵 속 사색을 지나치게 즐기는 이의 놀이가 된다. 숙고라는 과정은 너무도 극심한 탓에 오래 지속되기 어렵고, 열정적 탐구는 이따금 게으름이나 포만을 이기지 못하고 자리를 내어 준다. 기분 전환을 꾀할 외적 요소가 없는 이라면 자신의 생각 속에서 즐거움을 찾고 자신이 아닌 모습을 자신이라고 상상해야 한다. 사실 있는 그대로의 자신에게 만족할 자가 있겠는가? 그러다 그는 무한한 미래를 배회하며 이리저리 떠돌고 다니다가 현재 가장 바라는 상상 속 조건을 골라잡고는 불가능한 기쁨으로 자신의 욕구를 즐겁게 함은 물론 그의 자만심에 도달할 수 없는 지배권을 부여한다. 마음은 곳곳을 누비며 춤추고 온갖 즐거움을 한데 조합해 그토록 너그러운 자연과 행운도 줄 수 없는 기쁨에 젖어 들썩인다. 이윽고 특정 생각이 밀려들어 주의를 온통 사로잡고, 여타의 지적 만족감은 거부당한다. 권태로움이나 여유로움에 빠진 마음은 선호하는 개념을 줄곧 떠올리며 진실의 씁쓸함에 기분이 상할 때마다 감미로운 허망을 마음껏 즐긴다. 그렇게 점차 공상의 지배적 작용이 확실시된다. 처음엔 오만한 기세로 커져 갔던 공상은 시간이 지날수록 군림하게 된다. 어느새 허구는 현실로 작용하기 시작하고, 그릇된 견해가 마음을 붙들며 삶은 황홀하거나 비통함으로 가득한 꿈을 꾸며 흘러간다. 이것이 바로 고독의 수많은 위험들 중 하나다."

이 같은 논평은 광신적 환영을 경험한 후 행복한 열성가와 마찬가지로 열정의 불안을 느끼는 인물을 떠올려 보게 한다. 지식과 진리, 자연에 기반한 감정이 아닌 여타의 것을 토대로 한 감정은 무지와 오류의 산물이며, 그의 머릿속에서 반짝이는 빛들은 죄다 사기와 속임수의 결과다. 이러한 종류의 열정에 관해 로크Locke는 다음과 같이 기술한다.

"시대를 막론하고 우울감이 광신과 한데 섞이거나 자만심 때문에 자신이 타인보다 신과 훨씬 더 가깝다고 여기는 자들의 경우 신과 즉각적으로 교류함은 물론 신성한 영과 빈번히 소통할 수 있다는 생각에 종종 우쭐해한다. 따라서 그들의 마음은 공상 속에 자리한 근거 없는 견해가 성령의 빛이며 기이한 행동을 낳은 강력한 의도와 충동은 하늘의 부름이나 명령인 까닭에 그에 순종해야 한다고 여기며 받아들일 채비를 한다. 그것은 하늘의 명이기에 이를 실행하는 데 있어 실수를 범할 수 없는 것이다. 이러한 열정은 우쭐대는 자의 자만에서 비롯되지만, 일단 제대로 자리를 잡고 나면 이성과 계시, 혹은 그 두 가지를 합친 것보다 인간의 신념과 행동을 토대로 더욱 강력하게 작용한다. 그리하여 인간은 스스로 느끼는 온갖 충동에 자진하여 순종하고 만다."

무모한 상상력이 빚어낸 환상적 형상은 이성을 진압

하고 마음에 자리한 최고의 애정을 파괴하며, 열정은 이 맹렬한 가해자에 가담하여 우리를 환각적 신념의 희생양으로 만들기에 이른다. 그러나 이처럼 그릇된 열정이 광신적 신앙이나 불합리한 고독이라는 원천을 통해서만 발생하는 건 아니다. 최근 원칙에서 벗어나 분별력을 없애고 참된 과학을 더럽힌 세계의 정치적·도덕적 체계와 비교한다면 고행자의 어리석음과 오르간 연주자의 지나친 화려함, 은둔자의 부조리, 수도자의 거창한 의식은 인류의 참된 이익에 더 해롭지 않으며 이처럼 해로운 악의 비참한 효과를 더 품고 있다고 할 수도 없다.

열정과 광신주의

도덕과 정치, 종교 혹은 과학을 막론하고 광신주의의 증대는 특정 시대나 국가로 국한되지 않는다. 사실 그 씨앗은 지구 전역에 너무도 많이 뿌려져 있으며, 그것이 자라날 토양에 상관없이 하나같이 해롭고 치명적이다. 대담하고 사나우며 호기심에 가득한 영혼의 소유자로 변덕스러운 대중의 열정에 불을 붙일 술수를 충분히 가진 자라면, 그가 광신주의의 악마에게 도움을 청하는 순간 자신이 살아가는 곳에 문제를 불러일으키고 종종 위험을 야기한다. 또 이처럼 강력하고 치명적인 자질을 가장하는 것만으로도 사회 평화에 극도로 해로운 소동을 유발할 수 있다.

영국의 수도에 거주하는 계몽된 시민들 가운데서도 조지 고든 경Lord George Gordon은 위선적 신앙인의 모습을 하고 종교권의 대변자로 나섬으로써 국가를 교란시키고 안전을 위태롭게 만들었다. 강하고 걸출한 대영제국의 왕 조지 3세의 통치 21년째 되던 해 의회 법령이 통과되어 로마 가톨릭 신자들은 혁명기에 부과되었던 각종 처벌과 제약에서 벗어날 수 있게 되었다. 얼마 후 스코틀랜드의 가톨릭 신자들도 같은 방식으로 구제할 법안이 의회에서 추진되고 있다는 소문이 돌았다. 이 소식은 국가 전역을 불안에 빠뜨렸고, 개신교를 지키려는 집단들이 생겨났다. 또 위원회가 지정되고 서적들이 배포되는 등 한마디로 사람들의 열의에 불을 지필 만한 모든 방법이

동원되었다. 정부는 이러한 시도들을 철저히 등한시했으나, 보다 진보적 성향의 인물들이 미약하게나마 이에 저항함으로써 그 효과가 발휘되기에 이르렀다.

이윽고 편견과 박해의 맹렬한 기세가 고개를 들고 일어나자 에든버러와 글래스고 등지에서 가톨릭 신자에 대한 터무니없는 폭력 사태가 발발했다. 정부 측에서 그러한 기세를 강제로 탄압하는 것이 바람직하지 않다고 판단함에 따라 입법부의 공정하고 호의적인 의도는 뒷전으로 밀려나고 말았다. 가톨릭 신자들에 대한 형법 완화를 두고 스코틀랜드에서 성공적으로 진행된 열성적 저항은 영국 프로테스탄트 연합 결성의 시발점이 된 듯하다. 그도 그럴 것이 거의 같은 시기에 법안이 배포되고 신문에 광고가 삽입되면서 해당 조직을 지지하는 자들로 하여금 그러한 명분하에 결집할 것을 촉구했기 때문이다. 스코틀랜드에서 저항하는 무리의 수장으로서 적극적 행보를 보인 조지 고든 경은 연합의 회장으로 발탁되었다. 이 소요 사태는 수년간 가라앉을 줄 모르고 커져만 갔다.

상원의 일원이었던 조지 고든 경은 의회 내에서 기이

한 행동과 의회 업무에 대한 잦은 개입, 그리고 이해할 수 없는 태도를 보이곤 했다. 그는 줄곧 종교와 가톨릭교의 위험에 관한 문제를 들먹였고, 특정 사안에 대한 의회의 표결을 홀로 나누었던 것이다. 이러한 행태는 그의 복장과 태도에 관한 여타의 특이점들과 더불어 심각하게 주목하거나 비난받기보다 일종의 우스갯소리로 치부되어 무시당했다. 1780년 5월 29일 월요일, 공고된 바와 같이 의회 청원 제출 방식의 논의를 위해 코치 홀Coachmaker's Hall에서 회의가 개최되었다. 의장을 맡은 조지 고든 경은 선동적이고 열띤 연설을 통해 가톨릭교가 놀라울 정도로 급속히 확산되고 있음을 청중들에게 알리고자 했다. 그는 이러한 움직임을 중단시킬 유일한 방법은 단호하고 군건한 태도로 의회에 나아가 자신들의 삶과 종교적 자유를 지킬 것임을 보여주는 것이라고 말했다. 더불어 자신은 시민들과 함께 모든 위험을 감수할 것이나, 양심과 국가의 부름에도 그들이 지나치게 미온적 태도를 보인다면 새 의장을 선출하면 될 것이라고 말하며, 솔직히 자신은 열의 없이 미적지근한 사람이 아님을 공표했다. 따라서 그들이 엉터리 논쟁과 공허한 반대에 시간을 허비할

IV. 고독이 상상에 미치는 영향

참이라면 새 리더를 뽑는 게 좋겠다고 그는 덧붙였다. 이러한 그의 연설은 크나큰 박수갈채를 받았고, 그는 곧 다음과 같은 결의안을 거론했다.

"돌아오는 금요일 오전 열 시, 프로테스탄트 연합의 전 회원들은 세인트 조지 필드에 모여 하원까지 회장과 동행하여 프로테스탄트 청원을 제출한다."

이 결의안은 만장일치로 통과되었다. 곧이어 그는 그날 모인 시민들이 2만 명 이하일 경우 청원을 제출하지 않겠노라고 말했다. 그리하여 1780년 6월 2일 금요일 오전 열 시경 수천 명의 시민들이 지정된 장소에 결집해 그들의 수장을 기다렸다. 조지 고든 경은 약 한 시간 후쯤 그곳에 도착했고, 그렇게 그들은 의회로 향했다. 그들은 거의 모든 회원이 모자에 푸른색 표지를 달고 일제히 '가톨릭교 반대!'를 외침으로써 상·하원 모두를 대상으로 가장 자의적 힘을 행사하기 시작했다. 그들 중 일부는 이 불쾌한 법규의 폐지를 제안할 것을 맹세하도록 강요했으며, 또 다른 이들은 가장 천박하고 무례한 태도로 모욕적 말을 내뱉었다. 그들은 국회의사당 출입문까지 이어지는 모든 거리를 점령하고 두 번에 걸쳐 출입문을 강제로 열려고 시도했으며 의원들에게 수차례 폭행을 가했다. 급기야 군대가 도착할 때까지 누구도 흩어지거나 자리를 비우지 않았고, 의회는 6월 19일까지 정회되었다.

영국의 수도에서 벌어진 이 선동적 집회가 있던 날 저녁과 그 이튿날 목격된 끔찍한 재앙과 공포는 그 어떤 시대나 국가에서도 찾아볼 수 없는 것이었다. 단순한 개개인의 실제적 혹은 가장된 광신주의가 낳은 놀라운 결과는 이처럼 위험한 자질이 무모한 대중의 열정을 부추기기 위해 인위적으로 사용되었을 때 발휘하는 힘을 잘 보여준다. 한편 이 선동적 인물이 그의 추종자들에게는 줄곧 경건한 애국자이자 사소한 흠이나 결점도 없는 자, 국가적 기성 종교의 가장 고결한 수호자로서 이미지를 유지했지만, 그가 매일 저녁 매춘부나 음탕한 여인들과 신성한 열정을 불태우며 심신의 정화를 꾀했다는 점은 주목해 볼 만하다.

광적 열성의 늪

 광신주의의 불길은 교묘하게 강력하여 가장 냉담한 마음도 부추길 수 있다. 그런 까닭에 가장 온화하며 이성적인 성향의 이들마저 종종 그 열기로 해를 입는 것이다. 광신주의가 전파되는 속도는 분명 받아들이는 사람의 본성에 크게 좌우된다. 그러나 위험한 화재가 전부 그러하듯 광신주의의 출현 역시 주의 깊은 관찰이 수반되어야 하며 모든 방법을 동원해 그 불길을 소멸시켜야 한다. 그러한 소멸은 평범한 일터와 일상적 의무를 수행함으로써 마음에 싹트는 반작용을 통해, 그리고 이 명백한 악에 분별력 있는 태도로 맞설 때 가장 만족스럽고 쉽게 이루어진다고 하겠다.

 이러한 지략의 이점에 대해서는 포더길Fothergill 박사의 발자취를 통해 주목할 만한 선례를 확인할 수 있다. 이 저명한 의사는 더없는 마음의 평온을 유지하며 자신의 열정을 전적으로 통제할 수 있었다. 따라서 죽음을 앞두고 벗에게 이르길 평생토록 열정 때문에 부당하게 방해받은 적이 단 한 번도 없었노라고 했다. 이런 그의 기질은 그가 소속된 종교의 성격과 완벽히 부합한 것으로, 그는 교리를 엄격히 실천하며 어떠한 경우에도 그에 따랐다. 평소 행동이나 태도적인 측면에서도 그는 가장 친한 벗들에게조차 열광하는 모습을 드러낸 적이 전혀 없었다. 이러한 상황에서 그가 미신의 영향을 받았을 거라는 의혹은 품기 힘들다. 에든버러에서 보낸 학생 시절, 그의 온화한 태도와 규칙적인 행동은 단연 돋보였다.

 그러던 어느 날 그는 기이한 광신적 충동에 휩싸여 거의 벌거벗은 채 거리를 내달리며 시민들에게 하늘의 분노가 임박했음을 경고했다. 그러고는 분노한 신에게 겸허히 자비를 구해야 함을 가장 근엄한 태도로 촉구했다. 그러나 이러한 종교적 발작 증세는 오래 지속되지 않았다. 이 시기 그는 대학에서 요직을 맡아 열렬히 학문을 추구한 훌륭한 인물들과 친분을 쌓아 나갔다. 또한 일과에 수반되는 활동과 더불어 이처럼 이성적이고 박식하며 이지적인 이들과의 만남과 대화를 통해 자신의 이성을 잃지 않고 유지할 수 있었다. 이윽고 그는 자신의 능력을 되찾아 이를 충분히 활용하고 즐길 수 있게 되었고, 그리하여 이후 과학과 인문학계는 수많은 혜택을 누리게 되었다.

아시시Assisi의 성 프란체스코라고도 하는 성 프란체스코St. Francis의 행동은 포더길 박사의 그것과 다소 닮았다 하겠다. 단, 포더길의 섬망이 고작 하루 동안 지속된 것에 비해 이 광신도의 광기는 평생토록 지속되었다는 점을 제외하면 말이다. 이 성인은 1182년 움브리아Umbria 지방의 아시시에서 태어났다. 그의 세례명은 존John이었지만, 그는 당시 이탈리아에서 꼭 필요했음은 물론 자신이 하고자 한 일을 위해서도 필수적이었던 프랑스어를 습득했고, 자연히 프란체스코라고 불리게 되었다. 그는 오른쪽 어깨에 십자가 모양이 새겨진 채 태어났으며, 그 신성한 표시를 널리 알리도록 하늘에서 그를 점지했다는 내용의 꿈을 꾼 것으로 알려진다. 그의 성향은 천성적으로 온화했고 이해가 빨랐으며 감성이 발달한 편이었다. 또 그의 태도는 편안했으며 상상력이 풍부한 데다 유독 뜨거운 열정을 지녔다. 경솔하고 거리낌 없는 젊은 날의 성향 탓에 그는 한때 온갖 악습과 난봉에 빠져 지냈다.

그러나 그는 병에 걸려 고독한 생활을 하며 지난날을 되돌아보게 되었고, 그 과정에서 과거에 자신의 그릇된 행동에 수반된 위험한 성향을 반성하기에 이르렀다. 그는 과거를 회상하며 떠오른 끔찍한 광경을 마주하고서 겁에 질렸다. 이윽고 그는 과거 지인들과 교류를 끊고 방탕한 삶을 바로잡기로, 그리고 본래의 성향을 되찾고 참회와 기도를 통해 죄지은 자신의 영혼을 구하기로 마음먹었다. 과거에 대한 이처럼 진지한 반성은 실의에 빠진 그의 마음에 너무도 강력히 작용한 탓에 그는 종교라기보다 광기에 가까운 지나친 신앙에 빠지고 말았다. 그는 마태복음의 한 구절을 눈여겨보았고, 우리의 구세주가 사도들에게 가방에 금이나 은, 혹은 기타 화폐를 챙겨 넣어 길을 떠나지 말 것이며, 겉옷 두 벌이나 신발, 지팡이도 준비하지 말라고 한 내용에 주목했다. 이에 프란체스코는 자발적이고 절대적인 빈곤이야말로 복음의 본질이라고 여겨 자신은 물론 몇몇 추종자들에게도 이러한 빈곤을 성스러운 규칙으로 삼으라고 일렀다. 그는 벗은 몸도 채 가리지 못할 정도로 낡은 옷을 걸치고 아시시 거리를 배회하며 과거 동료들의 놀림과 조롱 앞에 스스로를 단련시켰다.

이제 프란체스코에게 그들은 죄가 낳은 자식들이자

악마의 추종자들일 따름이었다. 젊은 성자의 지나친 행보를 지켜보던 그의 부친은 그가 너무 오래 병에 시달린 까닭에 지적 능력에도 문제가 생겼다고 판단했다. 그리하여 그는 시간이 흐름에 따라 혹은 의학 요법의 힘을 빌려 아들이 의식을 되찾을 때까지 가둬둘 적절한 장소를 물색했다. 그러나 이 성자는 부친의 우호적인 의도를 알고 나서도 부모의 보살핌을 거절하고 집을 나와 아시시 주교 궁에서 피난처를 구했다. 교구 주교는 즉시 도망자의 부친을 찾아 자식에게 안전한 환경을 제공할 부모의 권리에 대해 논한 다음 그 아들에게 아비의 요청에 응할 것을 차분히 요청했다. 아들 프란체스코는 걸치고 있던 누더기를 찢어 던진 후 놀란 부모를 앞에 두고 경멸과 분노를 토해 내며 이렇게 외쳤다.

"자, 당신들 것이니 다 가져가시오. 속세에서 당신은 분명 내 아비였으나 지금부터 난 당신을 부인하겠소. 하늘에 계신 분 말고 내게 아버지는 없으니."

진심이든 아니든 주교는 이 젊은 열성가의 비정상적 외침에 기뻐했고, 그가 신성한 결의를 유지하며 경건한 마음에 찾아드는 신성한 영감을 열정적으로 간직할 것을 촉구했다. 주교의 적극적 승인에 힘을 얻은 이 광적인 청년은 종교적 여정을 이어갔다. 도시를 떠난 그는 인근에 자리한 깊은 숲으로 들어가 자신을 압도한 그릇된 열정에 심취했다. 이 은신처에서 그는 두 번째 종교적 환영을 마주하고 그의 신성한 직책을 확신하게 되었다. 1209년, 교황 인노켄티우스 3세와 호노리우스의 격려에 힘입어 그는 성 프란체스코 수도회를 설립하기에 이른다.

이 터무니없는 열성가가 앞서 언급한 저명한 의사의 경우와 같이 자유 과학을 공부함으로써 이성을 냉정하고 차분하게 단련시켜 지나칠 정도로 과열된 자신의 상상력을 바로잡을 수 있었다면, 그는 자신이 지닌 재능을 활용해 사회에 도움이 되는 인물이 되었을 터였다. 그러나 이처럼 걷잡을 수 없는 싹이 자라기 시작하면 쉽사리 뿌리 뽑을 수 없는 법이다. 제아무리 포더길이었다 해도 그가 프란체스코처럼 미신적 망상의 시대를 살았더라면, 그리고 광적인 신념에서 비롯된 진리를 믿도록 부추김을 받았다면 그의 일시적 광기도 평생토록 지속되었을 것이다. 또 실용 과학의 주창자로 숭배 받기는커녕 무지한 대중의 경멸과 후대의 조롱을 감내해야 했을 것이다.

상상에 작용하는 고독의 위험

고독의 공허함은 마음을 발상에 맡김으로써 이처럼 제멋대로 날뛰는 기이한 상상을 크게 부추긴다. 방해나 제약 없이 산만한 공상의 즐거운 사색에 빠질 수 있는 자라면 다른 모든 기쁨에서 비롯되는 즐거움을 잃을 것이며, 그토록 황홀하지만 위험한 성향에서 오는 만족감을 가로막는 행위라면 전부 무시하고 말 것이다. 고립된 삶의 고요함을 누리는 동안 상상력이 이성의 왕좌를 빼앗음에 따라 나약해진 정신력은 상상의 횡포가 심해질 때까지 그 지시에 따른다. 만일 자연의 아름다움과 더불어 시, 그림, 음악, 혹은 여타의 우아한 예술과 관련된 다양한 오락에 상상의 고귀한 힘이 발휘된다면…

… 형언할 수 없는 선율이
그 황홀함을 발하고, 공상은 꿈꾸네.

신성한 샘과 엘리시움의 숲,

그리고 지복의 계곡을.

지성의 힘은 그 어마어마한 왕좌에서

방황하는 귀를 기울이고는

가만히 미소 짓네.

열정은 사라지고 신성한 휴식으로 가라앉으니,

사랑과 기쁨

오로지 그것만이 깨어 있네.

하지만 수도원에 고립되어 고독한 상태처럼 금욕적 주제에 마음의 관심이 집중되어 비정상적으로 공상을 불태운다면, 그 영혼은 신성한 휴식으로 가라앉는 대신 병적인 우울과 불만스러운 무기력에 사로잡혀 이성적 반성이 불가능하게 되며 엄청난 환영을 낳게 된다.

뛰어난 이해력과 교육을 통해 고도로 계몽된 인간이라 할지라도 극심한 몰두와 오래 지속된 고독이 낳은 치명적 결과를 거부하지 못하는 경우가 종종 있다. 학자 몰라누스Molanus는 수년에 걸쳐 유의미한 모든 대상을 멀리하며 시기적절하고 유익한 모든 신앙 활동을 도외시했다. 대신 그는 자신의 상상력에 제안 없는 자유를 허락했고, 만년에는 스스로를 보리 낟알이라고 생각하기에 이르렀다. 그는 벗들을 예의 바르고 공손하게 대했을 뿐 아니라 편안하고 창의적인 태도로 과학과 신앙에 대해 논했지만, 길거리에 있다간 새가 집어삼킬지도 모른다는 우려 때문에 이후 절대 집 밖으로 나가지 못했다.

여성이라면 이처럼 무질서한 공상에서 비롯된 망상의 대상이 될 가능성이 더 크다. 여성은 다른 성에 비해 그 감정이 더 예리하고 열정은 더 뜨거우며 상상력 역시 보다 활발한 까닭에 고독에 지나치게 빠질 경우 훨씬 더 심한 영향을 받게 된다. 그들의 가슴은 고립의 해로운 영향과 전파력, 환영의 위험에 더욱 민감하게 반응한다. 이러한 사실은 수도원을 비롯해 여성들이 단체로 생활할 수밖에 없는 다른 기관들에 만연한 성향의 유사성을 어느 정도 설명해 줄 것이다. 그러한 은신처에서 본보기와 습관의 힘이란 놀라울 정도로 강력하다.

탁월한 실력과 확고한 진실성을 겸비한 어느 프랑스

의학 작가가 언급한 바에 따르면 수녀들의 수가 특별히 많은 어느 수녀원의 경우 한 수녀가 불현듯 고양이가 우는 듯한 소리를 내고 싶은 기이한 충동에 사로잡혔고, 곧이어 다른 여러 명의 수녀가 그녀를 따라 고양이 우는 소리를 냈다고 한다. 그러다 결국 이처럼 설명할 수 없는 현상이 수녀원에 두루 번져 나갔고, 급기야 모든 수녀가 정해진 시간에 고양이 울음소리를 내게 되었다. 이 기현상은 몇 시간 동안 지속되었다고 전해진다. 하지만 여성들의 기이한 공상에 관한 기록들 중에서도 카르단이 언급한 15세기 독일의 한 수녀원에서 벌어진 사례를 뛰어넘는 경우는 없을 것이다. 바로 오랜 기간 남성과 대면하지 못한 어느 수녀가 동료들을 전부 물어버리고 싶다는 묘한 성향에 사로잡혔던 것이다. 기이하게도 이러한 성향은 동일한 충동이 수녀원 전체에 침투할 때까지 번져 나갔다. 기록에 따르면 이 같은 병적 열기는 해당 수녀원 너머로 확산되어 다른 수녀원들과 독일 전역, 네덜란드, 이탈리아까지 전파되었고, 마침내는 유럽의 모든 수녀원에서 이러한 현상이 만연했다.

건강한 사회적 교류의 필요

철저한 사회적 유기에서 비롯된 치명적 영향의 사례는 현세대가 보기에 지나치고 믿기 힘들 수 있다. 그러나 그러한 사례들은 분명 사실이며, 당대의 실제 역사를 통해서도 유사한 성격의 여러 사례가 제시될 수 있다. 인간이 자유로운 상호 교류와 이성적 사회 관계를 누리지 못하게 되면 그 본성마저 바뀌는 법이다. 그와 더불어 고독이라는 냉혹하고 음울한 영역 안에서 상상이 더해진 음울한 사색에 줄곧 빠져 살아가는 이의 마음은 가장 기이한 기분을 초래하기에 이른다. 본성이 요구하는 사회적 소통에서 배제되어 이해심을 충족시키고 감각에 재미를 부여하거나 감정적 관심을 유도할 수단이 사라지게 되면 공상이 미지의 영역을 헤매다 이상적인 형태 안에서 오락과 기쁨을 찾으려 한다. 더불어 천사의 환영과 지옥의 유령, 놀라운 기적, 연금술의 망상, 철학적 광란, 형이상학의 광기가 혼돈에 빠진 머리를 채운다. 지성은 부조리한 생각을 붙들고 늘어져 애정을 담아 키워내고, 결국엔 그 생각의 규모가 여타의 감각과 이성의 힘을 압도하게 된다. 모든 종교적 체계의 고독한 교수들이 행한 행동을 조금만 되돌아본다면 그들이 이성적 사회와의 교류를 끊음으로써 정신적 능력이 처하게 될 통탄스러운 위험을 확인해 볼 수 있다.

고독의 왕성한 자궁은 신 플라톤주의자들의 온갖 불가사의한 광담과 무의미한 교리를 싹 틔웠고, 동일한 이유로 기독교 교회의 수도자들과 은자들을 어리석음과 광신에 몰두하게 했다. 파키르와 브라만, 그리고 여타의 모든 종교적 열성가들 역시 고독이라는 같은 출처에서 생겨났다. 사회적 즐거움을 버리고 본래의 감정을 포기한 그들은 미신의 제단에 이성을 바치고 열광적 공상과 우울한 사색으로 이성의 빈자리를 채웠다. 사실 우리가 믿는 신성한 종교란 본래 온갖 정교한 억측과는 구별되며, 따라서 어떤 면에서는 그러한 억측들과 정반대인 것처럼 보인다. 기독교의 위대한 창시자는 모든 인간에게 단 하나의 단순한 삶의 규칙을 부여했다. 하지만 인간의 마음에 자리한 본래의 자만을 누리고자 한 데다 당시 이교도들에게 널리 퍼진 그릇된 철학으로 호도된 그의 제자들은 다양한 구원의 교리와 새로운 신앙 체계를 도입하기에 이른다.

또 이전에는 몰랐던 극심한 편견이라는 일종의 새로운 미신이 인간의 감정에서 자라나 서로에 대한 질투로 마음을 무장하게 되었다. 상스러운 용어와 언어가 매일같이 생겨나고 무시무시한 의미가 부여되었으며 대립 관계에 있는 이들은 서로를 향해 가장 극심한 적의를 표출했다. 광신주의는 일련의 환영과 예언, 꿈, 주문, 기적, 퇴마 의식을 동원해 성공적으로 계승되었다. 수도원에서, 혹은 동냥 수도사나 순회 사제, 그리고 선교사들은 어처구니없고 우스꽝스러운 성격의 영적 묘기를 행했다. 고독은 상상력에 엄청난 힘을 가하여 이처럼 과도한 행동의 토대가 된 광신주의에 지대한 영향을 미쳤다.

어느 저명한 영국 작가는 다음과 같이 말한 바 있다. "모든 종류의 종교적 극단을 경계하는 것이야말로 가장 중요한 일이다. 하나의 암초를 피하려다 또 다른 암초에 걸려 다치는 일이 없도록 해야 하는 것이다. 미신과 열정이 망상을 불러일으키는 두 가지 중요한 원천임은 오랫동안 언급되어 온 바다. 한편으로 미신은 인간으로 하여금 터무니없이 열성적으로 종교적 의식과 외적 부분에 집착하게 만든다. 반면 열정은 내적 감정과 더불어 영적 세계와의 신비로운 소통으로 인간의 관심을 유도한다. 둘 중 어느 쪽도 기독교적 삶의 위대한 도덕적 의무에는 충분히 관심을 기울이지 않는다.

그러나 이 두 가지 거대한 종교적 남용에서 비롯된 과도한 열의를 수용한 인간은 각각에 극단적으로 상반되는 요소가 존재하며, 그러한 극단 속으로 빠질 위험에 처했음을 간과해 왔다. 그리하여 때로는 미신에 대한 공포가 치솟은 나머지 외부의 모든 제도에 대한 경멸을 낳기도 한다. 마치 예배의 형식이나 신에 대한 대중의 인식 없이도 종교가 존속될 수 있을 것처럼 말이다. 또 주로 선의 원천에 감화받는 이들은 독실한 자들이 뜨거운 감정에 이끌려 이치에 맞지 않을 만큼 과도한 행동을 하는 것을 보고 모든 신앙이 열정과 유사하다고 성급히 결론짓기도 한다. 그리고 종교를 마음과 감정으로부터 완전히 분리시켜 미덕의 규칙을 냉철히 준수하는 것으로 그 의미를 축소시키기도 한다."

이처럼 극단적인 경우들은 신중히 피해야 마땅하다. 진실한 신앙은 이성적이며 그 토대가 확고하다. 또 신에 대한 애정을 활발히 실천하며, 마음에 이는 여러 감정이 하나의 위대한 대상으로 귀결됨을 이해한다.

...

이러한 극단적 사례들은 비이성적 고독이 억제되지 않고 엉뚱한 방향으로 흘러가는 상상력을 만나 유발할 수 있는 악을 보여준다. 하지만 그렇다고 해서 이처럼 유쾌한 마음의 능력을 자유롭게 누리는 데 있어 고독이 일반적으로 위험하게 작용할 것이라는 무분별한 주장을 펼치고 싶진 않다. 잘 선별하고 이성적으로 추구한 고독은 확고하고 훌륭한 상상력의 공개적인 적도, 기만적인 벗도 될 수 없으며, 오히려 맨 처음 돋아나는 상상의 싹을 무르익게 하고 그 성장을 탄탄히 하며 가장 탐스럽고 값진 열매를 맺을 수 있도록 돕는다. 고독한 가운데 자연의 매력을 즐기며 이성의 힘을 해치지 않고 상상력을 누리는 방법을 습득한 자라면…

... 웅장한 돔과 기둥 아치형 구조물,

그것을 장식하는 것이 무엇이든

살아 숨 쉬는 대리석과 조각된 황금을

자랑스러운 주인의 한정된 권한 너머로

행복한 그의 가슴이 누리네. 봄은 그를 위해

이슬을 만들어 선사하고, 비단결 같은 보석은

또렷한 잎을 펼쳐 보인다. 가을의 손길은 그를 위해

비옥한 가지에 피어나는 금빛을 더하고,

아침과 같이 발그레해진다.

흘러가는 시간의 날개는 찬사를 뿌리고

새로운 아름다움이 외로운 그의 길에 드리우며

느껴보지 못한 사랑이 그를 이끄네.

풀밭을 가로지르는 바람 한 줄기 없고,

지는 태양의 광채를

흡수하는 구름 한 점 없나니

나무랄 데 없는 신선한 기쁨을

그의 가슴이 품을 수 있는 곳에서

새들의 지저귀는 선율조차 높이 울리지 않네.

그러고 나면 오로지 신선한 기쁨만을 품는 건 아니니,

이처럼 조화로운 힘의 작용으로

그 신중한 마음이 스스로

조화로움을 꾀하는 까닭이다.

V
고독이 우울한 마음에 미치는 영향

SOLITUDE

한적한 고독의 고요함을 즐기는 성향과 떠들썩한 대중적 삶에 대한 강렬한 혐오는 우울해질 때 나타나는 가장 초기 증상이자 제일 일반적인 징후다. 한때 지복으로 가득했던 마음은 쾌락을 맛본 후 무분별해지고 만다. 지대한 기쁨에 겨운 경쾌한 날개는 한없이 낮게 가라앉을 따름이다. 걱정과 불안, 유감, 그리고 후회는 혼란스러운 생각들로 마음을 채워 쓸쓸하고 허망하게 만든다. 떠오르는 태양과 더없이 눈부신 날도 불행한 가운데 고통받는 자들의 병든 감각을 기쁘게 하진 못한다. 그들의 유일한 즐거움은 '자신의 슬픔과 교감'하는 것뿐이며, 이를 위해 그들은 우울의 협곡을 찾아 헤맨다.

> 씁쓸함을 풍기는 우울감이
> 무거운 한숨과 근심으로
> 혼란스러운 생각을 다스리네.

그러나 마음이 그러하다 해서 세속을 떠나 한동안 슬픔을 위로한다면 더 나약하고 무력해질 따름이다. 그러한 경우 고독은 혼돈을 증대시키고 상태를 악화시킨다. 이 끔찍한 병폐의 씨앗을 뿌리 뽑으려면 마음을 장악한 성향에 비해 새롭고 상반되며 보다 강력한 무언가로 상상력에 깊은 인상을 남겨야 한다. 또 마음은 그에 반영되는 대상을 바꾸고 새로운 열망을 받아들여야만 생각의 흐름을 바꿀 수 있다. 그러므로 마음이 우울한 자는 고독한 성향을 멀리하고 사색 중에도 바람직한 참견을 허락하여 세상의 다채로운 즐거움을 맛보도록 해야 한다.

그러나 무엇보다 미미하게라도 불평의 원인과 연관된 장소와 대상은 신중히 피해야 할 것이다. 이 끔찍한 병폐의 씨앗은 대개 병자 안에 깊숙이 주입되어 있으며, 억압에서 벗어날 당시의 상황이 아무리 우발적이라 해도 만일 홀로 남겨지게 되면 다시금 이전의 습관에 빠질 위험이 늘 도사리고 있다. 이러한 경우만 보더라도 불평을 치유하는 데 있어 고독이 얼마나 우호적이지 못한지 알아차리게 된다. 만일 그 병자의 상태가 회복할 가망이 없을 정도로 악화되었다면, 실의에 빠진 그의 마음이 새로운 느낌을 받아들일 수 없다면, 그가 모든 즐거운 습관을 포기해 버린다면, 또 건전한 활동이나 유쾌한 오락에 참여하길 거부한다면, 그리하여 그 영혼이 나날이 더 깊은 실의에 빠져 광기나 죽음으로 본성을 위협한다면, 그때는 고독이 유일한 자산일 것이다.

우울한 영국인은 그 존재의 종말에 이를 수 있지만, 우울 때문에 프랑스인이 맞이하게 되는 최악의 결과라면 카르투지오 수도사가 되는 정도일 것이다. 이처럼 우울감이라는 원인은 동일하지만 국가에 따라 달리 나타나는 결과는 세상의 이목으로부터 슬픔을 숨길 수 있는 기회가 영국보다 프랑스에 더 많다는 사실을 통해서만 설명이 가능하다. 대중의 이목을 피할 수 있는 수도원이 영국에 있었더라면 건강 염려증 환자가 자살하는 일은 좀처럼 없을 것이다.

우울한 마음이란

마음이 적절한 색채와 본래의 탄성을 잃게 되면 그만큼 사회에 대한 애착이 감소하며 세상과 그 관심사에서 벗어나려 하게 된다. 마음에 영향을 미치는 온갖 다채로운 원인들 중에서도 우울감만큼 마음의 힘과 활기를 완전히 파괴하는 장애는 없다. 우울감은 가장 완벽한 사회에서 이루어진 물리적, 도덕적 관계를 죄다 풀어 버리고 모든 의무감으로부터 영혼을 해방시킨다. 사람들을 결속시키는 사적인 연결 고리 역시 파괴되며, 삶의 일반적 교류를 시도하고자 하는 의욕마저 사라진다. 따라서 오로지 고독에 관한 성향만 남게 되는 것이다.

이러한 이유로 우울한 이들은 극장이나 가장무도회, 오페라 공연장, 무도회장과 같은 대중적 오락 장소에 자주 들를 것을 끊임없이 권유받는다. 또 가정에서 카드와 주사위 놀이를 비롯한 다른 여러 게임을 즐기거나, 아름다운 여성의 눈을 통해 실의에 빠진 영혼에 새 생명을 불어넣는 것도 권고할 만하다. 분명한 사실은 고통스럽고 에너지를 소모시키는 대상으로부터 마음을 분리시키면 대단한 이점을 이끌어낼 수 있다는 점이다. 하지만 무분별하게 내달려 지각없는 열의를 불태우며 즐거움을 좇으면서도 그것을 즐기려 하지 않는다면 우울증이 줄어들기는커녕 오히려 커져갈 것이다.

우울한 자는 모든 대상을 가장 어둡고 비판적인 시선으로 바라보며 늘 비참한 결과를 예상한다. 나태한 기분에 빠지고 육체가 병들수록 증대되는 이 같은 음울한 인식은 습관적 불안과 유감을 불러일으키며, 작고 하찮은 상처조차도 권태롭고 견딜 수 없게 만들고 만다. 또 이 비참한 우울증 환자는 실의에 빠질 뿐 아니라 사색에 방해가 되는 것이라면 무엇이든 피해 버린다. 그가 느낄 법한 얼마 되지 않는 즐거움조차 저해되며, 그로 하여금 조금이라도 노력을 기울이게 하는 것도 방해받는다. 더불어 사회에서 물러나 고독을 택함으로써 자신의 우울증을 완화시킬 만한 활동과 오락을 도외시하고 만다.

건전한 마음과 적극적 성향을 지닌 이는 참된 가치와 큰 기쁨을 선사하는 우호적 시각으로 우울한 자의 마음에 개입하여 영혼을 가라앉히는 어둠을 밝히려 애쓴다. 하나 우울한 이는 자신을 잘못 인도하는 환영을 좇기에 돌이킬 수 없는 우울의 서글픈 신전으로 더 깊이 빠지게 된다. 행여 삶과 행복의 밝은 빛이 은신처의 어둠을 뚫고 들어올라치면 그는 그 유쾌함과 만족스러움을 즐길 줄 모르고 그 빛을 소유한 자들과 언쟁을 벌이며 그들의 기쁨을 분쟁의 대상으로 바꿔 스스로에게 고통을 안긴다.

음울하고 암담한 고독이 극심한 고통에 시달리는 마음을 회복시키는 데는 부적절하다 하겠지만, 부도덕한 자들로 이루어진 사회와 술과 방탕에 젖어 날뛰는 자들에겐 훨씬 더 나은 선택이 될 수 있다. 세속적 즐거움과 감각적 만족을 과도하게 좇다 보면 우울한 마음은 더 비참한 실의에 빠지게 된다. 이성적 오락과 절도 있는 즐거움의 추구를 통해서만 고통받는 마음이 재미와 기쁨을 누릴 수 있는 것이다. 그저 따분한 것이 아닌, 온화하면서 유쾌하고 절도 있는 장을 통해서만 진창에 빠진 마음을 맑게 하거나 침체된 쾌락의 체계를 새롭게 하는 것이 가능하다. 우울감은 차분하면서도 깊은 생각에 잠기는 성격을 지니므로 성급하고 떠들썩한 것들을 멀리한다. 사색을 즐기는 성향의 사람들이 세상에 대해 혐오감을 품는 경우가 얼마나 잦던가! 이는 그들이 쾌락이나 일을 무모할 정도로 열렬히 추구한 까닭에 흩어진 생각들을 모아 반성하는 마음 본연의 습관을 오래도록 실천하지 않았기 때문이다.

우울한 마음을 회복시키고자 한다면 감정은 물론 마음의 특유한 기질까지 돌보아야 한다. 마음이 우울하고 불안하며 침착하지 못한 이는 자신이 감내하고 토해 내는 슬픔이나 불평에 공감하지 못하는 지각없는 자들과 만나고 대화함으로써 화를 품기 쉽고 질병에 노출될 가능성도 커진다. 바로 이러한 점이 우울한 사람들로 하여금 사회를 등지고 고독을 택하게 만드는 또 다른 이유가 되기도 한다. 사실 다정하게 타인의 고통에 공감하거나 친절하게 발 벗고 나서 다른 이의 마음속 가시를 제거해 줄 이가 몇이나 된단 말인가!

자연이 한결같은 건강이라는 불가해한 방패를 부여한 데다 계속된 번영이라는 매력에 몰두한 원기 왕성한 인물들은 병약한 이들의 내면을 뒤흔드는 비밀스럽지만 극심한 고통에 대해 전혀 알지 못한다. 뿐만 아니라 그들은 상처받고 괴로운 영혼이 느끼는 고통에 대해 어떠한 연민도 느끼지 못한다. 병든 자가 경련이라도 일으켜 끔찍한 병이 있음을 알리거나 우울감이 심해져 그 희생양을 자기 파괴라는 제단에 두기 전까지는 말이다. 무정한 세상을 살아가는 즐거운 동료들은 최악의 자연적 악재를 겪으며 고통받는 동지를 냉담한 무관심이나 가식적 염려의 시선으로 바라본다. 그들은 또 사람들이 지친 나머지 신의 분노에 맞서거나 부름을 받지 않았음에도 치명적 고통을 피해 무시무시한 창조주에게로 돌진했다는 이야기를 듣기 전까지는 쾌락을 맛보는 과정에서 스스로 느끼는 고통을 모른 체하기도 한다. 이 얼마나 끔찍한 지경이란 말인가! 실제로 이러한 사람들이 자신의 격렬한 고통을 감추고 스스로를 괴롭히기 위해 활용하는 비밀스러움과 침묵은 가장 위험한 질병의 증상에 해당한다.

사실 염려와 배려로 가득한 진정한 벗의 눈을 마주하고 마음에 이는 감정을 숨기기란 쉬운 일이 아니다. 하지만 그저 두루 알고 지내는 부주의하고 무관심한 대중 앞이라면 마음속으로는 말할 수 없는 고통에 시달릴지언정 겉으로는 평정심을 유지하며 유쾌한 모습을 내비칠 것이다.

유명한 카를리니Carlini는 훌륭한 프랑스 배우로 그 엉뚱함과 유쾌함, 활달함으로 밤마다 파리의 관객들을 즐겁게 한 까닭에 높은 대중적 명성을 누렸다. 한번은 그런 그가 개인적으로 친분이 없는 의사를 찾아가 조언을 구하며 자신이 심한 우울증에 시달리고 있다고 말했다. 의사는 재미있는 곳을 찾아다니며 마음을 즐겁게 해 보라며 특히 이탈리아 코미디를 자주 관람해 보라고 했다. 그러고는 "만약 활달한 카를리니의 연기로 치유될 수 없다면 당신의 병은 그야말로 심각한 것임에 틀림없어요"라고 덧붙였다. 이 불행한 우울증 환자는 이렇게 외쳤다.

"아! 선생님께서 말씀하신 그 카를리니가 바로 저랍니다. 전 파리 사람들에게 즐거움과 웃음을 선사하지만, 정작 제 자신은 우울함과 울분에 사로잡혀 낙담한 환자일 뿐이죠."

우울한 자의 가장 위험한 도피처

우울감에 짓눌려 시달리는 이로서는 공감 능력이 떨어지거나 자신의 고통을 동정하지 않는 자들과 어울리기가 괴롭겠지만, 그렇다 하더라도 사람들을 피해 고독 안에 숨어서는 안 된다. 이는 바로 고독에는 우울감을 불러일으키기 쉬운 사색과 독백을 조장하는 경향이 있기에 아픈 이의 고충을 악화시키고 증대시킬 수밖에 없기 때문이다. 그러므로 고독이야말로 우울한 자의 가장 위험한 도피처라 할 수 있다. 당장은 고독을 통해 안심할 수 있으리란 희망에 사로잡히지만, 결국 고독은 그러한 확신을 저버리고 만다. 그리고 휴식을 방해하는 갈등으로부터 그 숭배자를 보호하기는커녕 무방비 상태로 만들어 아무런 무기도 없는 상태로 신랄한 적들 앞에 세운다.

더없이 대담하고 굳건한 기질의 사람들이라 해도 오롯이 자신의 힘만으로 침투해 오는 우울감을 견뎌낼 수는 없다. 우울감은 가장 진취적인 마음에서 비롯된 용기마저 꺾어 버리기에 대담무쌍하고 두려움을 모르던 이조차 사람들 앞에서 주눅 들게 만든다. 결국 모든 이들이 그를 불쾌해하며 그 역시 사람들과의 접촉을 두려워하게 된다. 만일 그가 은밀한 내적 고독에서 벗어나는 때가 있다면, 그건 스스로에겐 불쾌하지만 눈부시게 찬란한 하늘의 빛이 적당한 어둠에 가려질 때뿐이다. 밤의 그늘이 사람들의 이목으로부터 그를 숨겨주는 것이다. 사교적 오락의 유혹은 그를 불안하게 할 뿐이며, 단 한 명의 벗이 방문하더라도 그는 고통스러워한다. 또 그는 자신이 살아가고자 하는 어둠을 밝히거나 사생활을 방해하고 자신을 은둔에서 벗어나게 하려는 것이면 무엇이든 혐오한다.

루소의 경우

루소Rousseau는 만년에 이르러 그 우울한 성향 탓에 세상이 자신에게 어찌할 수 없는 반감을 품고 있다고 여겨 모든 사회적 교류를 포기했다. 더불어 흄Hume을 비롯한 예전의 벗들과 프랑스의 몇몇 철학자들이 합심하여 자신의 영광과 휴식을 파괴하고 목숨까지 앗아가려 한다고 생각했다. 영국을 떠난 루소는 아미앵Amiens에 이르러 그레셋Gresset을 만났고, 그는 루소의 불행과 그가 연루된 온갖 논란에 대해 캐물었다. 루소는 그저 이렇게 답할 따름이었다. "당신은 앵무새의 말문을 트는 기술은 있지만, 곰의 입을 열게 하는 비밀은 아직 모르는 것 같군요."

한번은 아미앵의 판사들이 그에게 존경을 표시하려 했고, 한사코 그들의 호의를 거절한 루소는 그러한 아부 섞인 정중함이 바라타리아 섬의 유명한 산초에게 퍼부어진 것과 동일한 형태의 모욕이라 여겼다. 무질서한 루소의 상상이 그 지경에 이를 즈음 그는 일부 사람들이 자신을 라사리요 데 토르메스Lazarillo de Tormes라도 된 것처럼 여긴다고 생각했다. 마치 자신이 욕조 바닥에 들러붙어 머리만 물 밖으로 내민 채 이 마을 저 마을로 옮겨지며 세상의 속물들을 즐겁게 하는 인물이라도 된 양 말이다. 형편없는 그의 건강 상태와 강력하고 음울한 상상력, 지나치게 섬세한 감정, 질투를 일삼는 성향이 철학적 허망함과 특별히 고독에 몰두하는 자세와 맞물려 그로 하여금 그릇되고 엉뚱한 생각에 사로잡히게 한 것이다.

한편 루소가 생의 시기별로 다양한 계층에 걸쳐 마주

한 반대는 가혹하기 그지없었다. 한번은 과거 자신의 글로 유명세와 명예를 누렸던 파리에서 축출당한 적이 있었다. 그런가 하면 자신의 고향이자 뜨거운 애착을 품었던 제네바에서 쫓겨나기도 했다. 베른에서는 불명예스럽게 추방당했고, 뇌샤텔에서도 부당하게 쫓겨났으며 심지어 비엔 호숫가에서도 추방되어 그곳에서 평온한 고독을 누릴 수도 없게 되었다. 따라서 사회를 등지려는 그의 성향이 전적으로 그의 우울한 기질 탓이라고 보아서는 안 될 것이며, 고독에 대한 그의 애착 역시 염세적 사고 때문만은 아닐 것이다.

이 비범한 인물의 삶과 특징을 예리하고 과학적으로 관찰한 이라면 평생토록 그를 쉴 수 없게 한 우울한 성향과 신경질적인 기질은 선천적인 것임을 단번에 알아차릴 것이다. 루소 역시 스스로 이렇게 시인한 바 있다. '오만한 염세와 세속적 부와 쾌락에 대한 특유의 경멸은 나라는 인물의 주된 성격적 특성에 기인한다.' 그의 오만함과 경멸로 가득한 마음은 극단적 감성과 지나치게 나태한 성향과 한데 섞여 어우러졌다. 또 본래 허약했던 그는 나쁜 건강과 극도의 고통, 그리고 인간이 감내할 수 있는 최악의 질병에 시달리곤 했다. 그뿐만 아니라 루소는 박해에 시달리며 신랄하고 가혹한 대우를 받아야 했다. 그는 가난의 고통과 병약함의 슬픔을 겪는 와중에도 그 모든 시기와 증오, 적의로 인한 피해를 견뎌낼 수밖에 없었다. 그가 받은 박해는 그의 모든 글에 스며든 정치와 종교에 관한 새로운 신조나 기이한 역설 탓에 벌어진 것이 아니라고 전해진다. 대신 그것은 뛰어난 재능이 선보인 정제미와 놀랍도록 탁월한 그의 능변, 그리고 범위를 넓혀가는 그의 명성에 기인한 것이었다. 루소의 적들은 비단 편견과 편협성뿐 아니라 그들의 행위 이면에 감춘 동기를 상당 부분 드러내며 그를 몰아붙였다.

이처럼 루소가 짓궂은 운명에 지치고 애타게 동정과 친절을 구했던 이들의 끊임없는 증오에 시달린 나머지 절친한 이들마저 자신을 향해 혐오감과 반감을 품었다고 여기며 본래 지닌 유쾌한 성향과 다정함을 잃었다는 사실은 그다지 놀랍지 않다. 그의 옛 친구 볼테르와 다른 여러 사람들이 글로 표현한 독설을 비롯해 그를 조롱거리로 삼기 위해 프로이센 왕의 이름으로 날조된 서신은 루소의 의심이 근거 없는 것이 아니었음을 알 수 있다. 그렇게 그의 주변인들은 이 별난 철학자가 사람들을 혐오할 뿐 아니라 미치광이임에 틀림없다고 입을 모았다.

반면 마음이 너그러운 이들이 기억하는 바는 다를 것이다. 즉 루소는 건강상 문제로 괴로워했으며, 자연히 불만스럽고 신경질적인 상태가 지속되었을 법하다. 게다가 중상과 악의에 시달릴 때 평정을 유지하려면 좀처럼 품기 힘든 엄청난 용기가 필요했을 것이다. 사람들은 그의 잘못을 기억했지만, 놀랍고 흔치 않은 그의 천재성은 잊거나 은폐했다. 그의 가치를 일반적으로 평가하게 된 작품이 바로 《고해 The Confessions》다. 이 작품은 그가 두려움과 괴로움, 고통에 시달리며 재앙과 질병, 슬픔이라는 압박 속에서 써내려간 작품이다. 당시 노년의 병약함과 쇠약한 그의 건강은 그의 정신을 해하고 이성을 지배하여 그를 감정적으로 비뚤어지게 했다. 그리하여 결국 그의 성격은 완전히 변해 버리고 정체성까지 잃을 지경에 이르렀던 것이다. 그러나 말하자면 이처럼 수치스러운 상황은 나약한 인간 본성을 드러내는 개탄스러운 사례로 역경과 적의가 덮쳐올 때 자신의 자존감을 지켜내는 일이 얼마나 어려운지를 보여준다. 루소의 위대함은 그 기준을 달리해서 정립시켜볼 일이다. 그도 그럴 것이 그의 초기 작품은 작가로서 그의 명성을 충분히 유지시킬 만하지만, 특정 주제들의 경우 인간으로서 그의 온전함을 드러내기 때문이다.

종교적 우울감

열렬한 상상력과 예민한 신경이 자아내는 불안은 정신적 능력에 지대한 해를 끼친다. 더욱이 질병이나 슬픔이 수반된 경우라면 그 기세만큼이나 지성을 피폐하게 한다. 이 문제에 관한 일반적인 비유를 들자면 '칼집에 비해 칼이 너무 날카로워진다' 정도가 될 것이며, 이 경우 몸과 마음은 서로를 파괴하는 상황에 처하게 되는 셈이다.

이 끔찍한 질병의 유형들 중에서도 종교적 우울감은 고독을 통해 가장 고조되고 악화되는 경향이 있다. 신성한 은혜를 영영 받지 못하고 구세주의 중재를 받을 가치가 없는 대상이 될 거라는 끔찍한 생각이 쉴 새 없이 덮쳐오면 종교적 허탈감을 겪게 된다. 더불어 고독한 가운데 오로지 자력으로 살아가도록 남겨질 거라는 상상은 그러한 사고가 불가피하게 불러일으킬 만한 공포감을 증대시킨다.

> 티시포네와 같은 그녀의 채찍질이 순간 흔들리고,
> 그녀는 천 마리 뱀으로 채찍질을 해 대지.
> 우레와 같은 외침이 그녀를 부추기니
> 지옥의 심연에서 지독한 그녀의 자매들을 부르네!

이러한 상호작용은 고독의 음울함을 통해 고조되며 편협한 성직자들의 해로운 교리를 통해 점점 더 커져만 갔다. 그러한 성직자들은 신경성 정신이상이나 신학적 오류의 결과를 죄책감에서 비롯된 참회로 오인하여 성서의 내용과 수칙을 부적절하게 적용하고 활용했다. 따라서 그들이 맹목적이고 주제넘게 제거하려 애썼던 바로 그 질병의 기반을 오히려 탄탄히 하고 악화시키기에 이르렀던 것이다. 가장 지독하고 부패한 지성의 독에 오염된 상처는 너무도 치유하기 어려운 법이다.

그러나 순수하고 오염되지 않은 기독교 신앙의 교리는 가장 확실한 해독제를 제공할 수 있다. 따라서 루터Luther와 틸로트슨Tillotson, 클라크Clark와 같이 현명하고 통찰력 있는 인물들의 정신을 통해 참된 위안이라는 치료제가 탄생할 때 신속한 회복에 대한 가장 이성적인 희망을 품을 수 있을 것이다. 그처럼 경건한 스승들이 글을 통해 밝힌 바와 같이 미신의 유해한 음울함은 은둔의 그늘에서 더욱 어두워지는 양상을 띤다. 또 그들이 하나같이 권고하는 바와 같이 종교적 오류의 불행한 피해자는 이 끔찍한 병약함의 가장 확실한 적인 고독을 멀리해야 할 것이다.

하지만 고독은 이 유해한 잡초가 싹터 나와 악의적 어둠을 퍼뜨리는 유일한 토양이 아니다. 그것은 은둔에 익숙하지 않은 마음에 자리한 폭력성에 단단히 뿌리를 내리고 있다. 수련의 시절 나는 어느 젊은 여성 환자를 맡게 되었다. 그녀의 타고난 성향은 지극히 유쾌했으나 극심한 병이 그녀의 영혼을 꺾어 버리고, 젊은이들을 매료시키는 온갖 즐거움을 멀리하게 만들고 말았다. 그녀의 쇠약해진 신체와 변해버린 기질은 초기 요양 단계에서 충분히 처치되지 못했다. 달라진 그녀의 얼굴 위로 마음 속 불안이 확연히 드러났다. 그녀는 종종 무고하지만 시시한 오락거리들에 너무도 많은 시간을 할애했음에 구슬픈 후회를 드러내곤 했다. 시간이 지남에 따라 이러한 우울의 증상들은 알게 모르게 심해져 갔다. 결국 그러한 증상들은 위법과는 거리가 멀 정도로 지극히 사소한 행동에 관해 자신이 저지른 잘못을 떠올리며 그녀가 뉘우침 섞인 한탄을 늘어놓을 때 드러나곤 했다.

내가 호출되었을 당시 그녀의 이 미신적 우울증은 정신이상과 관련된 특정 징후를 보였다. 그녀의 병은 분명 신체적 불편함에서 비롯되었으며, 음울한 불안은 병과 그에 따른 고통 때문에 수개월에 걸쳐 마음으로 유입된 것이었다. 즉 자신의 상황이 어떻게 돌아가는지 전혀 감을 잡지 못하게 되었으며, 지독한 산만함과 깊은 절망 속에서 자신은 이미 지옥에 떨어지는 벌을 받았노라 외치곤 한 것이다. 나아가 자신의 벗들이 그녀의 영혼이 오길 기다렸다가 쓰디쓴 지옥의 고통 속에 빠뜨릴 것임을 덧붙였다.

다행히 그녀의 신체는 아직 충분한 힘을 지니고 있었기에 의학의 힘을 빌려서나마 그 기질을 점진적으로 바꾸고 오래도록 그녀의 삶을 괴롭혀 온 격렬한 흥분을 줄여나갈 수 있었다. 우선 신경이 예전 상태로 회복됨에 따라 그녀의 마음도 보다 차분해졌다. 그녀의 지적 능력이 실질적 효력을 발휘하게 되자 나는 제대로 된 유익한 종교를 주입시킴으로써 미신의 해로운 영향력에 제대로 대응할 수 있었다. 그리하여 그녀는 점차 이전의 사랑스럽고 젊음이 넘치며 고결한 여인으로 되돌아갔다.

유사한 성격의 또 다른 사례가 발생한 것은 아주 최근의 일이다. 해당 환자는 종교적 우울증의 전조 증상을 죄다 겪은 터였다. 만일 내가 호출을 받고 당도했을 때 그녀의 친구들이 무지하고 편협한 사제의 조언에 따르려던 결정을 거두지 않았더라면 그녀는 곧장 슬픔과 낙담에 빠지고 말았을 것이다. 뛰어난 출신과 높은 지위에 으레 수반되는 사치와 방탕 속에서도 순수하고 타락하지 않은 면모를 유지해 온 이 숙녀는 지극히 평온한 성향을 타고난 데다 세속적 쾌락을 멀리한 채 조용하고 자족하는 삶을 살았다. 그녀의 가족들과 오래 알고 지내 왔던 나는 그들을 더없이 존경했다.

한편 그녀의 위태로운 건강 상태는 내게 크나큰 걱정과 염려를 안겼다. 그도 그럴 것이 그녀가 잠시라도 혼자 있게 되거나 설령 누군가와 함께 있다 하더라도 눈을 감을 때면 혼란스러운 마음을 틈타 끔찍한 유령들이 수도 없이 몰려들어 집 안 구석구석에 도사리고 있다가 자신을 집어삼키려 하는 것만 같았기 때문이다. 나는 상상 속 유령들이 감정적으로 영향을 미쳤는지 물었고, 그녀는 아니라고 대답했다. 그러고는 그들의 사납게 노려보는 눈과 위협적인 몸짓을 통해 자신이 느낀 공포에 대해 설명했다. 나는 그것들이 공상의 산물로 쇠약해진 뇌가 낳은 허구임을, 더불어 오래 지속된 건강상 문제가 그녀의 마음에도 영향을 미쳤음을 알려 그녀를 안정시키려 애썼다. 또 적절한 약물과 식이요법, 가벼운 운동을 통해 힘을 되찾게 되면 그처럼 끔찍한 유령의 모습은 자취를 감추고 유쾌한 것들만 보게 될 것이라고 덧붙였다.

내가 고수한 치료 과정은 부정적 예상을 뛰어넘어 단시간에 성공을 거두었으며, 그녀의 침체된 기력을 끌어

올려 건강과 행복을 찾을 수 있도록 했다. 만일 그녀가 의사를 만나는 대신 사제 신부에게 마음속 불안을 털어놓았다면 그는 아마도 그녀의 음울한 불안 증세를 악마의 책략 탓으로 돌렸을 것이다. 자연히 악마를 퇴치할 영적 해독제를 썼을 것이며, 그로 인해 우울증은 더욱 심각해져 광기와 절망의 어두운 심연으로 그녀를 던져 넣었을지도 모를 일이다.

위대한 자의 우울

사실 이 지독한 고질병이 그릇된 신앙과 종교적 열의를 통해서만 양산되는 것은 아니다. 본래 마음이 강하고, 또 그러한 마음이 과학과 이성적 사회를 통해 향상되고 지지를 받는 경우에도 이러한 우울증이 종종 파고들어올 수 있다. 때로는 심신에 유익한 활동과 학습, 대화마저도 극심한 사색과 침울한 신체, 그리고 미신적 습관의 영향에서 벗어나지 못한다.

위대하고 저명한 할러Haller의 만년에 어둠을 드리우고 종교적 허탈감의 압박 아래 그 모습을 드러낸 우울의 두꺼운 구름은 그에게서 모든 즐거움을 앗아갔을 뿐 아니라 목숨까지 취하려 했다. 그는 죽음을 앞두고 4년이라는 긴 시간 동안 줄곧 고통 속에서 살았다(그런 상태도 살아 있다고 할 수 있다면). 단 잠깐씩 마음의 힘을 되찾아 펜을 들 때면 일시적으로 안도감을 느끼곤 했다. 오랜 기간 건강상 문제에 시달린 할러는 아편을 남용하였고, 섭취량까지 점차 늘림에 따라 타고난 고상한 정신과 더없이 실의에 빠진 상태를 번갈아 오갔다. 이 강력한 약물은 처음에는 활력을 주는 코디얼과 같은 효과를 내지만, 곧 나른함을 유발하거나 자신도 모르게 잠이 들게 하며 혼란스럽고 광적인 꿈을 수반한다. 나는 이 위대하고 선한 이가 음울한 우울 속으로 빠져드는 걸 직접 목격했다. 그것은 다정하지만 냉혹하고 우호적이긴 하나 환대할 수만은 없는 죽음의 손길이 그를 고통에서 해방시킨 시점으로부터 약 2년 전의 일이었다. 그 기간 동안 그가 참여하고자 열망했던 사회란 바로 사제들과 성직자들로 이루어진 집단이었다. 할러는 그들과 함께하지 않을 때면 불안해했다.

하지만 그렇다고 해서 이처럼 정신적 위안을 주는 이

들을 선택하면서 그가 늘 만족스러워한 건 아니었다. 그는 때때로 당대에 그 지역에서 가장 현명하고 정통한 이들과 함께했지만, 또 어떤 경우에는 그의 정신적 능력이 감소되고 비참한 상태로 추락하지 않았다면 굳이 참아가며 상대하지 않았을 법한 이들과 어울리기도 했다. 그러나 그의 지적 능력이 이처럼 처참히 무너져 내린 와중에도 영예에 대한 그의 애착은 여전히 지속되어 본래의 빛을 발했으며, 그 힘을 파괴하거나 약화시키려는 지옥과 지상의 온갖 두려움에 저항했다.

할러는 영혼과 인류의 구원이라는 관점에서 기독교가 지닌 중요성과 연관된 심오하고 진지한 개념들을 받아들였으나, 그것은 그의 열광적 기질과 음울한 마음의 성향 탓에 그릇된 열의와 불안으로 이어졌다. 또 그러한 개념들은 기독교적 교리와 신조가 영감을 줄 수 있도록 아주 잘 짜 놓은 위로와 위안을 선사하는 대신 오히려 그의 감정을 악화시키고 휴식을 무너뜨렸다. 그는 죽음을 앞둔 며칠 전 자신의 훌륭한 벗인 괴팅겐의 하이네Heyne에게 편지를 남기며 자신이 고령에다 병약함이 더해져 죽음이 임박했음을 알렸다. 또 그는 서신을 통해 계시에 대한 확고한 믿음과 더불어 신의 자비와 예수 그리스도의 중재에 대한 신앙을 표현했다. 더불어 70년의 세월 동안 나약한 인간으로서 행해 왔을 온갖 죄와 잘못, 위반 사항으로 말미암아 영혼에도 죄가 부과되어 회개하는 죄인에게 약속된 자비를 구하지 못할까 두렵다는 심경도 드러내었다.

그뿐만 아니라 그는 고결한 신학자 레스Less에게 경건한 작품을 제공해 줄 수 있는지 문의해 달라고 간곡히 요청했다. 바로 그러한 작품을 통해 임박한 죽음에 대한 두려움을 경감시키고, 괴로운 그의 영혼이 영원한 벌에 대한 우려에서 벗어나길 바랐기 때문이다. 그가 두려워 마지않던 바로 그 시간이 실제로 다가왔을 때 이 경건한 철학자의 마음을 채운 감정에 대해서는 그의 임종을 함께한 이들도 공개적으로 알린 바가 없다. 그 감정이 희망의 밝은 빛을 통해 위로받았는지, 혹은 절망의 어두운 구름에 의해 완전히 빛을 잃고 실망한 건지 알려진 바가 없는 것이다.

한편 죽음은 너무도 오랫동안 극심한 고통을 안겨준

병과 망상으로부터 그의 몸과 마음을 해방시켰으나, 생전 그가 목숨보다 귀하게 여겼던 그의 명성을 모략과 악의의 잔혹함에 노출시켰다. 베른 주의 어느 젊은 귀족은 본인의 악의 때문인지 혹은 타인의 악의에 조종당한 것인지는 모르겠으나, 어쨌건 한 서신을 통해 할러가 마지막 순간에 기독교의 진실에 관한 자신의 믿음을 부인했노라고 주장했다. 해당 서신은 꽤 오랫동안 괴팅겐 대학에 공개적으로 전시된 바 있다. 분명한 건 할러가 자비를 받을 수 있을지 여부 외에는 신의 자질에 대해 의심을 품은 적이 없었다는 점이다. 자비에 관한 의심은 신을 부정한 데서 유발된 것이 아니라 병적인 우울감을 완전히 떨치지 못한 데서 기인한 것이었다. 그러한 우울감은 만년에 이른 그의 혼란스러운 마음에 너무도 극심하게 작용했다.

할러가 죽음에 대해 품었던 두려움은 굳건히 미신을 멀리한 이들에게 더 큰 공포로 다가왔다. 그는 자신이 스스로 만족할 수 없었던 중대하고도 난해한 점을 솔직히 시인했다. 미덕에 대한 그의 드높은 양식은 지나치게 세밀한 사색에 힘입어 모범적이고 흠 없는 자신의 삶조차 극도로 그릇된 것처럼 보이게 했다. 그는 미덕이 불가피하게 정의와 연관됨을 알았다. 또 불행히도 아무리 진지한 회개일지언정 죄 많고 개탄스러운 영혼의 부패를 정화시킬 수 없으며, 따라서 신의 은총을 받을 만한 가치가 없다고 생각했다. 그의 마음에 자리한 우울과 낙담은 스스로에 대한 공정한 감각은 물론 신의 본성에 관한 완벽했던 지식까지 완전히 앗아가고 말았다.

이렇게 슬픔에 빠지는 성향은 이 위대한 인물이 경건한 금욕이나 불합리한 고독으로 시간을 보내는 문제와 상관없이 그를 돌이킬 수 없는 광란으로 급속히 몰아갔다. 그러나 할러는 위대한 이들의 후원과 학식 있는 자들과의 대화, 고상한 인물과의 교제를 즐겼다. 뿐만 아니라 자신이 아끼고, 또 성공적으로 갈고닦은 의학의 힘으로 (약물의 효과로) 고질병의 영향력까지 늦췄다. 하지만 갖은 노력을 다했어도 그가 문학에 몰두하다 휴식을 취할 때나 소실된 영혼의 상태에 대해 조언을 구할 때면 끔찍한 악마는 그로 하여금 머리를 조아리게 했다.

이처럼 마음이 그릇된 종교적 관념에 시달릴 경우 고독은 마치 고문대와 같이 작용하여 상상력을 통해 영혼에 극심한 고문을 가한다.

우울을 극복하기 위한 은둔

이러한 사례는 우연이든 본래 그렇든 여부에 상관없이 그릇된 상상에 빠지는 성향이 있는 자에게 고독이 얼마나 위험한지 분명히 드러낸다. 그러한 상상은 일반적인 삶의 주제나 혹은 보다 중요하고 영향력 있는 종교적 화제를 그 대상으로 삼기도 한다. 그러나 이런 내 견해를 기준으로 악습과 자만, 세속의 고통을 뒤로한 이성적 은둔이 상황과 관계없이 병약한 마음에 줄곧 배타적이라고 결론지어서는 안 될 것이다. 은둔이 선사하는 차분하고 조용한 휴식은 종종 혼란스러운 상상력을 회복시킬 가장 유익한 치료제가 될 수 있다. 신경계 이상을 겪고 있는 이에게 대중적 삶을 통한 기분 전환과 방탕을 권한다면 더없이 불합리한 일이 될 것이다. 이는 안타깝게도 생활 속

일상적 관찰을 통해 이미 잘 알려진 바와 같이 사소한 서두름도 그들의 신체를 어지럽히고 지극히 가벼운 교류도 그들의 마음을 동요케 하는 데다 나아가 뇌를 뒤흔들어 정신을 산만하게 하는 까닭이다.

건강하고 튼튼한 이들로서는 아주 사소한 접촉마저도 맥없이 병약한 자의 널뛰는 신경을 얼마나 격렬하게 진동케 하는지 전혀 알 길이 없다. 그러므로 유쾌하고 건강한 자는 슬픔에 잠긴 병든 자들에게 좀처럼 연민을 품지 않는 법이다. 바로 이 때문에 사회적 교류에 필수적인 확고하고 활기찬 마음을 상실한 자들은 사회를 등지고 온화한 고독 안에서 자신들의 근심, 걱정에 대한 위로를 구한다. 고독을 통해 일종의 도피처를 발견한 그들은 그곳에서 아무런 방해 없이 정신을 쉬게 하고 격렬한 감정을 달래는 것이다. '자연의 양육자는 휴식'이라는 말처럼 말이다.

슬픔을 경험함으로써 나는 이러한 문제를 다룰 줄 알게 되었다. 내 신경계를 재건하고 제대로 망가져 거의 파괴 직전에 이른 건강을 회복할 수 있으리란 허황된 기대를 품은 채 나는 파이어몬트Pyrmont의 물을 맛보기 위해 베스트팔렌Westphalia 지역을 찾았다. 당시 나는 유명 온천을 방문한 사람들과 더불어 마음속 우울감을 전환시키고 싶었다. 아! 하지만 난 활기 넘치는 그곳을 즐길 수 없었다. 나는 훌륭하고 우아하며 유쾌한 사람들 사이를 고통스러울 정도로 혼미한 상태로 걸었다. 친구들조차 거의 알아보지 못한 나는 행여 누군가 나를 알아볼까 잔뜩 겁이 났다. 매력적인 재치와 화려한 젊음의 미는 나이와 추함만큼이나 내겐 매혹적이지 못했다. 끔찍이도 무력한 정신과 함께하며 나 자신의 불행에 대한 일시적 안도를 헛되이 구하는 동안 나는 매시간 가련한 영혼들로 말미암아 괴로워했다. 그들은 내가 전문적 도움의 손길을 베풀길, 그리고 의학적 치유의 힘보다 내면의 관리와 개선이 더 중요한 만성 질환의 고통을 경감시켜 주길 간청해 왔다.

나는 병든 마음을 돌볼 수 없었고
기억 속에 깊이 자리한 슬픔을 끄집어낼 수 없었으며
달콤한 망각의 해독제로도

가슴을 짓누르는 위험한 것들로 가득한 가슴을 씻어낼 수 없었다.

이처럼 고통스럽기만 한 사람들의 끈덕진 요구를 피하고자 나는 무미건조한 그곳을 잔뜩 화난 마음으로 황급히 떠났다. 그렇게 집으로 돌아와 다시 혼자가 되었고, 음울한 낙담에 빠진 채 막 떨쳐내고 온 우울한 이들을 떠올리며 기나긴 하루를 보냈다. 하지만 내 집은 오랜 도피처가 되지 못했다. 바로 다음 날 한 무리의 건강염려증 환자들이 각자의 상담자들을 대동하고 나타나 나를 괴롭혔던 것이다. 정작 내 신경과민증이 치솟는 상황에서 상담자들은 환자들의 가상적 고통에 대해 일일이 읊어댔고, 아직 드러나지 않은 아픔과 성가신 불평으로 종일 나를 괴롭혔다. 결국 다정한 밤이 찾아오고 나서야 끈질긴 그들의 괴롭힘에서 벗어날 수 있었다. 하지만 난 이미 지쳐 있었고 잔뜩 화가 난 데다 인내심은 한계에 달한 상태였다. 종일 피해망상을 견뎌낸 탓에 짜증도 났다.

지친 자연을 달콤하게 회복시키는 자,

잠이라는 묘약.

나는 소파에 초조하게 누워 오로지 내 자신의 고통만 떠올리며 끔찍한 내 적들이 유발했을 법한 괴로움보다 더 견디기 힘든 비통함에 사로잡혔다. 다음 날 정오쯤 소파에서 잠시 쉬고 있으려니 오를로 공주가 다른 두 명의 매우 유쾌한 러시아 여성들을 대동하고 불현듯 내 집에 찾아왔다. 나는 평소 그들과 만나 대화하는 걸 즐기며 자랑스럽게 여겨온 터였다. 그들은 불과 몇 시간 전 내 상태를 보고받고 몸이 어떤지 내게 물어왔다. 하지만 마음이 잔뜩 혼란스러웠던 나는 그만 무례를 범하고 말았다. 나는 곧장 몸을 일으키고는 예의 없이 흥분한 태도로 방해하지 말아달라고 청했던 것이다. 갑자기 찾아든 손님들은 그렇게 내 방을 떠났다.

그 후 약 한 시간 뒤 내 부적절한 행동을 곱씹고 있을 때 왕자가 친히 나를 찾아왔다. 그는 내가 누운 소파 가까이에 있던 의자에 다가와 앉았고, 인품에서 우러나온 애정과 염려를 담아 내 마음이 어지러운 이유에 대해 물었다. 그의 친절함과 관심에는 내 격렬한 고통을 어느 정도 누그러뜨리는 매력이 깃든 듯했다. 한동안 머문 그는 막 떠나려던 차에 이렇게 말했다.

"내 말 좀 들어보게. 공주와 그 동행한 자들을 몰아낼 때 그랬던 것처럼 화가 나고 초조해질 땐 당신 안에 자리한 격렬한 감정을 확인해 보는 게 좋다네. 그리고 여기 아주 좋은 방법이 하나 있지. 만일 어떤 친구가 당신의 건강이 어떤지 안부를 물어온다면 당장은 내키지 않더라도 마음속으로 조용히 주기도문을 반복해 보게. 무례하게 친구를 몰아내지 말고 말일세. 그렇게 하는 편이 당신 마음에도 훨씬 유익하고 만족도 더 클 거라네."

초조한 감정을 전환시키기에 이보다 더 좋은 충고는 없을 것이다. 바로 관심을 돌릴 새로운 대상을 마련해 정신없이 날뛰는 생각을 보다 순수하고 평화로운 쪽으로 전환시켜 보라는 거였다. 그의 말대로 이러한 방식을 경험한 후 나는 그 효험과 미덕을 인정할 수 있게 되었다. 그 방법을 실천함으로써 나는 종종 성마른 열정에서 비롯된 분노를 가라앉히고 병으로 슬퍼하는 와중에도 우리를 성가시게 하고 희롱하는 온갖 부조리를 잠재웠다. 나는 이 방법을 다른 이들에게도 추천했고, 그들 역시 비슷한 효과를 경험했다.

내게 이처럼 지혜롭고 유익한 조언을 남기고 나서 몇 주 후 '내 길잡이이자 철학자, 그리고 벗'인 왕자는 그가 빈번히 겪고 있던 고충을 상의하고자 나를 찾았다. 그는 다름 아닌 자신의 젊고 다정한 배우자를 향해 품은 사랑의 격렬한 도취감을 억누르고자 했던 것이다. 철학적 주제를 두고 이전에 나눴던 대화를 통해 나는 그러한 그의 감정을 살필 것을 진지하게 권했다. 이는 서서히 타오르는 불꽃이 거센 불길보다 더 오래 지속되고 순수하다는 확신 때문이었다. 그러자 그는 연인들이 그토록 심취하는 그와 같은 감정을 조절하는 데 가장 효과적인 방법이 있는지, 그리고 만약 있다면 그것을 추천해 줄 수 있을지 내게 물어왔다. 나는 이렇게 대답했다.

"친애하는 내 벗이여, 자신만의 방식보다 더 나은 방법은 없습니다. 지나친 감정이 이성의 지시를 엎어버리려 할 때마다 주기도문을 반복해 보세요. 틀림없이 격정이 가실 겁니다."

...

    마음이 격정의 힘을 살피고 조절해 기분이 적절한 상태로 돌아오고 이성이 제자리를 찾을 때, 고독의 고요와 평온함은 우리를 이끌어 뜻하는 바를 달성할 수 있도록 한다. 그러고 나면 앞서 언급한 바와 같이 고독은 맹렬한 격정을 마음에 불어넣는 대신 부드럽고 기분 좋은 영혼의 치료제로 작용하며, 영혼의 최대 적이 아닌 최고의 축복이자 가장 다정한 벗이 된다.

    실제로 고독은 잘 조절된 마음을 비참한 우울이나 위험한 기벽으로 몰고 가지 않는다. 또 고독은 건전하고 활기찬 상상력이 고결한 산물을 낳도록 만들고, 낙담한 마음을 고양시키며 불안한 마음을 진정시킨다. 뿐만 아니라 혼란스러운 마음을 본래의 상태로 회복시키기도 한다. 그러나 다른 모든 신체적 혹은 도덕적 문제가 그러하듯 고독을 남용한다면 위험에 처할 수 있다. 강한 약처럼 고독 역시 오용할 경우 가장 나쁜 결과가 초래될 수 있는 것이다. 반대로 적절히 조절한다면 고독은 유쾌한 기분을 선사하며 매우 유익한 효과를 불러일으킨다. 고독을 어떻게 즐겨야 하는지 아는 이는 진정 이렇게 말할 수 있다.

> 고독한 삶은 진리와 더불어 살아가는 것.
> 즐거운 만족과 건전한 절제가 만나는 곳.
> 학문은 그 모든 달콤함을 한데 섞어내고
> 우정과 품격, 예술이 한데 모여
> 사교적이고 편안하며 밝게 시간이 흘러가는 곳.
> 가장 순수한 마음을 지닌 이들과
> 온화하지만 대담한, 평범하지만 세련된 대화를 즐기고
> 도덕적 세계를 두루 논하며
> 진리를 목표로, 미덕을 길잡이로 삼는다.

VI
고독이 열정에 미치는 영향

SOLITUDE

고독 안에서 열정은 사회에서라면 길잡이가 되고 조절을 담당했을 규제의 힘을 어느 정도 상실하게 된다. 다양성에서 비롯된 반작용적 효과와 예의범절을 통해 부과된 의무, 인류의 필요에 따라 생겨난 제약 사항들은 바삐 돌아가는 세상에서 다채롭게 활동할 때보다 은둔 생활 속에서 그 발생률이 훨씬 떨어진다. 떨림을 느낄 만한 실제적 대상이 없는 마음속 욕구와 감정은 상상의 힘을 통해 활성화되고 고양된다. 또한 활동적이고 사교적인 삶 속에서 즐거움으로 기분을 전환하고 주변의 고통을 통해 마음을 가라앉히며 업무에 몰두할 때에 비해 고독 안에서는 훨씬 더 큰 초조함과 열의를 경험하게 된다.

사실 은둔 중에 찾아드는 평온함은 기만적이다. 열의는 마음속에서 남몰래 타오르고, 상상력은 그 잠재된 불꽃에 줄곧 기름을 들이부어 마침내 욕구가 터져 나올 때면 격렬한 열기와 분노가 이글댄다. 은둔을 통해 부과되는 일시적 무기력과 둔함은 정신적 에너지를 억제할 수 있지만 그것을 지배할 순 없다. 위대하고 독립적인 마음에서 비롯된 드높은 자부심과 고결한 생각은 한동안 잠잠해질 수 있다. 그러나 굴욕을 당하거나 격분하여 그러한 인물의 감정이 깨어나는 순간, 탄성체와 같이 튕겨져 나온 분노가 그러한 감정을 유발한 대상을 맹렬한 기세로 꿰뚫어 버린다. 고독의 위험성은 그 사용자의 감정과 상상력, 열정이 변덕스럽고 산만하며 격렬할수록 증가하는 법이다. 한낱 오두막에서 생활하는 자일지라도 열정과 성향은 여전히 그의 마음속에 자리한다. 그의 저택은 바뀌겠지만, 그 위험성이 함께 거주함은 동일하다. 그것은 고요하고 잠잠한 듯하지만, 그의 모든 성향에 남몰래 영향을 미친다.

은둔의 사유가 무엇이든, 그것이 부당한 불운과 벗이라 여겼던 이들의 배은망덕, 멸시받은 사랑의 아픔, 혹은 야망의 좌절 중 무엇이든 간에 기억은 상처가 치유되지 못하도록 막고 분노로 영혼을 쓰라리게 한다. 놓쳐버린 기쁨의 형상은 마음에 머물며 바라 마지않던 평온함을 앗아간다. 그런가 하면 마음을 지배하던 격정 역시 여전히 잔존한다. 그러한 격정은 공상에 더욱 강력하게 들러붙어 훨씬 더 큰 불안을 몰고 다닌다. 그러다 은둔 안에서 악이나 미덕으로 기울며 불안과 실망을 가하는 지독하고도 괴로운 불안으로 둔갑하거나 기쁨의 미소로 얼굴을 빛나게 하고 평화와 기쁨을 선사하는 호의적인 천사로 거듭나기도 한다.

이 땅이 선사한 축복을 받은 자,
그 절제된 열정은 지나침이 없네.
자연의 권유로 그 선물을 누리는 자,
오로지 자연의 힘만을 취하네.
젊음의 온기와 더불어 활발한 흐름이 흐르고,
생생한 감각은 격렬한 환희로 빛나네.

그가 세월의 손길에 눌려 의기소침해질 때
어떠한 악습도 무익한 분노로 그를 괴롭히지 않으니.
힘과 즐거움의 감각은 점차 소멸되고,
떠들썩한 기쁨은 고요한 평화 속으로 잠겨든다.

감정의 지정학

열정에 깃든 엄청난 힘과 열정이 은둔의 상황에서 흘러 다니는 경로는 일반적으로 대도시보다 작은 마을에서 훨씬 더 두드러진다.

작은 마을에 거주하는 이들의 빈 시간과 무력한 마음은 극히 미미한 감정과 가장 일반적인 욕구조차도 강하고 억제되지 못한 격정과 격렬함으로 발현되게 한다. 그들의 가장 사소한 기분전환거리인 닭싸움이나 조랑말 경주는 시골 귀족에게 더없는 환희를 선사해 그 가슴을 뛰게 만든다. 반면 매달 열리는 무도회에 참석하지 못하는 그의 아내와 딸의 마음은 극심한 괴로움으로 가득하다. 대도시 시민들에겐 특별한 느낌을 자아내지 않는 상황일지라도 시골 주민들을 지나친 기쁨이나 슬픔의 실의에 빠뜨릴 수 있는 법이다. 그리하여 귀족에서 소작농, 공작 부인에서부터 우유 짜는 여인에 이르기까지 모두가 환희와 격렬한 감정에 사로잡히게 마련이다. 외딴 마을이나 아주 작은 마을에서 하찮은 명예와 사소한 이익을 두고 벌어지는 경쟁은 한 나라의 최고 존엄과 높은 보수를 두고 행해지는 싸움만큼이나 열띠고 적의에 차 있다. 많은 경우 야망과 시기, 복수심을 비롯한 온갖 무질서하고 적의에 찬 열정은 궁정 내 소란과 더불어 만연하는 격정보다 흙으로 지어진 오두막집에서 벌어지는 사소한 언쟁들 속에서 훨씬 더 격렬하고 완강하게 실행된다.

플루타르크에 따르면 카이사르는 스페인을 맡도록 임명된 후 알프스를 지나며 작은 마을을 마주했다고 한다. 당시 그의 벗들은 우스갯소리로 이런 말을 던졌다. '이런 곳에서도 지위에 대한 분쟁과 우선권에 대한 언쟁, 혹은 로마 제국의 위대한 이들에게서나 볼 수 있는 시기와 야망이 존재할 수 있을까?' 사실 이러한 생각은 인간 본성에 대한 무지를 드러내는 것이다. 제국의 2인자가 되느니 차라리 이 작은 마을의 1인자가 되겠노라고 그들의 위대한 지휘자가 내뱉은 유명한 답변은 한 개인이 아닌 인간을 대변한 발언이었다.

그런 다음 카이사르는 제아무리 보잘것없는 곳일지라도 그와 같은 열정이 팽배하지 않는 곳은 없다고 일렀다. 마을의 명예를 두고 겨루는 소박한 경쟁자들은 비록 미천한 신분일지라도 최고의 영광과 부, 권력을 노리는 가장 야심적인 정치인만큼이나 출중함에 대한 대단한 열망과 경쟁자에 대한 질투, 뛰어난 자에 대한 극심한 시기와 불안을 겪는다. 이러한 하층민들이 열정을 발산하는 방식은 그 기교가 다소 부족하고 대상이 고결하지 못할 수 있으나, 그 맹렬함만큼은 분명 덜하지 않다.

시골 마을의 고요한 행복을 누리기 위해 런던을 떠난 유펠리아Euphelia는 이렇게 말한다.

"극도의 무기력함에서 벗어나고자 이곳의 일과 행복에 더 익숙해진 나는 이제 더 이상 시골의 대화와 일이 낯설지 않다. 하지만 그렇다고 해서 보다 즐겁고 우아한 시간을 함께한 이들의 감정이나 행동에 비해 시골 사람들이 더 순수하거나 지혜롭다는 건 아니다. 차 모임이나 공원이 추문의 온상이라는 일반적 비난을 전적으로 부인하진 않겠지만, 어찌 되었건 시골 여인네들에 비해선 유행을 좇는 수다쟁이들이 중상모략에 대한 책임이 덜하다는 점을 언급하고자 한다.

관찰과 비난의 대상이 훨씬 더 많은 도시인들은 당사자의 잘못이나 어리석음만을 탓할 뿐, 악의를 품는 경우가 드물다. 실제로 혹은 상상 속에서 직접적으로 상처나 모욕을 당하지만 않는다면 말이다. 하지만 먼 지방에서는 한 가족이 대를 거듭하며 같은 집에 거주하고 전 세대의 잘못을 전하고 이야기한다. 나는 인근의 모든 토지가 본래 어떻게 취득되었는지 듣게 되었고, 내가 들은 내용이 사실이라면 단 하나의 땅도 제대로 된 주인이 소유한 경우가 없었다. 더불어 나는 고요한 무덤 속에 잠든 지 300년째 되는 연인들 사이의 음모에 대해 듣기도 했다. 또한 후손들에게 수치스러운 짓을 저지르지 않은 다음에야 이름조차 기억되지 못할 이들에 관한 전통적 추문을 종종 재미있게 듣기도 한다. 만일 두 집안의 주요 인물들이 다투게 되면 그 원한은 끝을 모르고 이어진다. 조부들이 선거에서 경쟁 관계에 있었던 경우 집안의 나이 든 여인들끼리 사이가 틀어지는 일도 다반사다. 자연히 적의와 증오가 대대로 이어져 내려오기 마련인 것이다. 한 국가의 다양한 집단을 이해하려면 그 역사를 잘 파악하고 있어야 한다. 공통적으로 선호하는 점이 없는 집안과 좋은 친분 관계를 유지하기란 어려운 일이다. 친밀히 지낼 이들을 가려낼 때는 배런 전쟁Barons' War에서 어느 쪽을 지지하는지 여부도 고려할 법하다."

원망과 적개심은 대도시의 다양한 무리들보다 작은 마을에 드문드문 거주하는 이들 사이에서 훨씬 더 격렬히 불타오른다. 열정에 불을 지핀 대상은 붐비는 도시의 떠들썩함에 가려져 보이지 않고, 사람들은 감정을 유발한 원인이 잊힘에 따라 그러한 감정이 불러일으킨 고통마저 기꺼이 잊곤 한다. 반면 시골 마을에서는 감정을 다치게 한 가시들이 줄곧 눈앞에 있어 그 가시들에 선뜻 다가서지 못하면서도 상처를 계속 기억하게 된다. 스위스의 어느 외딴 작은 마을에 살고 있던 독실하고 경건한 여인은 이러한 주제를 두고 대화를 나누던 중 자신이 이웃들의 질투와 증오, 악의에 대한 온갖 분노를 완전히 억제할 수 있다고 말한 적이 있다. 그녀가 보기엔 그들이 죄에 너무나 깊이 물든 탓에 이성적 항변이 통하지 않았기 때문이다. 그녀가 비참한 그들 탓에 유일하게 성가시다고 여긴 점은 바로 최후를 맞이하는 날, 자신의 영혼이 그토록 구제 불능인 가련한 자들과 함께해야 한다는 거였다.

하류층과 중산층을 통틀어 시골 주민들의 경우, 그들의 본보기가 되어야 할 자들이 실제로는 존경할 만한 행실과 성격의 소유자가 아닌 경우가 많다. 자신이 맡은 구역의 관습과 도덕률을 만들어 나갈 기회를 거머쥔 시골 치안판사는 대개 자신의 뛰어난 지식과 권력에 대한 지나친 신념으로 자만심에 부풀어 있게 마련이다. 그는 주변의 하찮고 볼품없는 이들과 달리 자신이 월등히 훌륭하다고 여긴다. 그리하여 그는 자신이 그리는 걸출함에 어울릴 만한 왕좌에 앉아 주민들의 보호자가 되기는커녕 주민들이 멀리하는 폭군이 되고 만다. 자유롭고 유익한 사회를 이루지 못한 채 인간과 사물에 관한 제한된 지식 안에 갇힌 그들은 편견의 노예이자 어리석음의 문하

생으로 살아간다. 대도시라는 확장된 사회나 수도원처럼 제한된 집단의 구성원들에 비해 마음이 위축되고 능력이 저하된 시골 마을 주민들의 경우 온갖 비도덕적이고 비열한 열정과 야비한 탐욕, 짓궂은 시기, 모욕적인 과시욕을 더 강력히 느끼는 경향이 있다.

더욱 고립된 집단의 경우

실제로 수도원을 비롯한 다른 모든 고립된 기관에서는 사회적 가치를 거의 배제한다. 이는 인간의 습성과 관심, 쾌락이 좁은 범위 내에서 억눌릴 경우 상호 간에 질투와 분노가 만연할 수밖에 없는 까닭이다. 그곳에서는 사소한 면제와 특혜, 미미한 탁월함마저 죄다 격렬한 논쟁거리가 되고 만다. 그러다 커져만 가던 반감이 증오에 이르면 경건한 양떼도 서로를 덮쳐 삼키려는 한 무리의 굶주린 늑대들로 변하게 되는 것이다.

수녀원의 법은 신성한 여성공동체로 하여금 기독교의

관용과 서로에 대한 진실한 애정을 바탕으로 생활할 것을 명한다. 그러나 직업 특성상 이 차분한 은둔자들을 돌보게 된 나는 그들 중 다수가 자연스러운 노화 때문이 아닌 화가 나고 불안해서 생긴 듯한 주름이 많다는 것을 알아차렸다. 더불어 그들의 주름은 온화한 자비심과 일편단심보다는 시기와 증오, 적의, 온갖 무자비함으로 생겨난 양상을 보였다.

물론 그처럼 무가치한 격정적 분위기가 익숙하지 않은 이들도 분명 존재함을 언급해야 할 것 같다. 수도원의 그러한 방침에 채 물들지 않은 그들은 본래 타고난 빛과 소박함으로 자신의 미와 매력을 환하게 발산한다. 정말이지 가슴 아픈 건 이처럼 아름답고 순수한 여인들이 고통을 감내해야 한다는 것이다. 잃어버린 희망과 무너진 행복, 부당한 잘못들에 대한 생각이 마침내 그들의 고결한 성향에서 비롯된 온화한 친절함을 쓰디쓴 분노와 절망으로 바꿔버릴 때까지, 지속된 감금 생활로 인한 불만의 구름이 눈부신 그들의 매력을 흐릴 때까지, 그리고 그들을 감금시킨 자들과는 현저히 다른 모습의 이 여인들을 향한 시기 어린 분노로 잔인하게 불붙은 보복적 격정

탓에 유쾌하고 편안했던 그녀들의 기질이 왜곡될 때까지 말이다.

이 사랑스러운 참회자들은 수도원에 들어서면서부터 자신보다 비참하지 않은 이들을 볼 때마다 분노가 치솟는 시기 어린 상급자의 압제와 더 오래 머문 수용자들의 질투에 복종해야만 한다. 그러다 명시된 시기에 이르러 공동의 박해에서 벗어나게 되면 그들은 스스로 찾은 그 음울한 고독이 상처를 치유하기는커녕 오히려 그것을 악화시키고 키운다는 사실을 깨닫게 된다.

아무리 상냥한 여성이라 해도 기쁨이라곤 없는 수도원의 음울한 고독 속에서 자연의 낙관적 공감을 유지하기란 거의 불가능하다. 자신의 지난 삶을 돌이켜볼 때면 그녀의 경건한 마음을 전갈처럼 매섭게 쏘아 대는 미신이 고통 속에 떠오를 것이다. 더불어 집안의 자부심이라는 제단 앞에 희생된 사랑과 후견인의 배신으로 망가진 운명 역시 기억에서 되살아날 것이다. 그런가 하면 그녀의 미래는 음울한 앞날을 제시할 따름이다. 모든 사회적 즐거움과 동떨어져 영영 우울하게 지내며 불만스러운 자매들의 심술과 형편없는 유머를 줄곧 견뎌내야 하는 그런 앞날을 말이다. 타고난 성향이 아무리 온화하고 부드럽다 해도 이처럼 온갖 위험이 뒤엉킨 곳에서 어떻게 스스로를 지켜낼 수 있단 말인가? 그러한 상황에서 더없이 쾌활하고 상냥한 데다 활달하고 양식 있는 마음이 고통과 악의의 희생양이 되지 않도록 지켜낼 수 있을까? 은둔하는 여성들의 습성과 유머, 성향에 열정이 작용하는 양상을 지켜본 이들은 감정을 자극해 대는 그들의 잔혹하고 무자비한 분노와 자신의 성향에 복종하길 명령하는 그들의 고압적인 목소리에 경악한다.

사랑의 격정과 은둔

특히 사랑의 격정은 그 감정에 저항하거나 심취할 때보다 그 영향을 피하려 은둔할 때 훨씬 더 강력하게 작용한다. 그러한 상황에서 은둔은 일종의 유치한 방편이라 할 수 있다. 이는 영웅의 용기와 지조로도 제압하기 힘든 바를 두려움에 차 도피함으로써 이루려는 것이다. 그러니 은둔이야말로 이러한 강한 열정의 손쉬운 피난처라 하겠다. 은둔을 통해 지극한 사랑의 기쁨을 구하려는 이들이 얼마나 많던가! 즐겁고 유쾌한 세속의 집단을 떠나, 가장 평온하고 만족스러운 우정의 기쁨을 포기한 채, 더없이 유쾌하고 다채로운 사회적 쾌락을 한 치의 망설임 없이 중단하면서까지 말이다. 사랑이라는 열정, 그 드높고도 달콤한 기쁨 안에서는 권력의 오만함과 우정의 배신, 가장 보복적인 악의조차도 즉시 잊힌다. 순수한 사랑의 열정은 절대 쇠잔하지 않는다. 시간이 흐르고 장소가 달라지고 상황이 바뀌더라도 사랑을 통해 마음에 각인된 지극한 행복감은 사라지거나 줄어들 줄 모른다. 그 느낌은 결코 지울 수 없는 것이다.

하나 가장 매혹적인 상태로 충분한 힘에 에워싸여 있을 때 고독은 불안, 질투에서 비롯된 두려움, 쓰라린 염려, 아련한 슬픔, 혹은 자극적이고 떠들썩한 기쁨에 대한 어떠한 대책도 내놓지 못한다. 가시 돋친 사랑의 화살에 맞아 크게 상처 입은 가슴은 좀처럼 그 평온함을 되찾지 못한다. 사랑을 통해 행복하다고 여기면 인간이 누릴 수 있는 최고의 기쁨을 맛보고, 불행에 빠진 경우 인간으로서 가장 깊은 고통을 겪게 된다. 사랑에 번민하는 양치기의 한숨과 극심한 슬픔이 외로운 계곡들과 푸르른 숲을 메우고, 수도원과 수녀원의 늘어선 방들에선 악의에 찬 이 열정을 향한 무거운 신음과 어두운 저주가 울려 퍼진다. 그렇다 하더라도 고독은 그 분노를 잠시 늦출 뿐, 소멸시킬 수 없다. 불운하지만 참된 연인이었던 아벨라르Abelard와 엘로이사Eloisa의 이야기는 이러한 내용에 대한 인상 깊은 사례라 할 수 있다.

12세기, 루이 6세가 프랑스 왕권을 쥐고 있을 당시 브르타뉴의 외딴 마을 팔레에서 피에르 아벨라르가 태어났다. 그는 지극히 완벽한 몸과 마음을 지닌 인물이었다. 타고난 그의 재능은 진보적 교육을 통해 극대화되었고, 그는 단 몇 년 만에 당시 온 나라를 통틀어 가장 학식이 깊고 기품 있으며 정중한 신사로 거듭났다. 철학과 신학은 그가 가장 즐긴 학문이었다. 세상사에 휩쓸려 학문에 통달하지 못할 것을 우려한 그는 자신의 생득권을 동생들에게 넘긴 후 파리로 향했다. 그는 그곳에서 위대한 교수 윌리엄 드 샹포William des Champeaux의 지도하에 자신의 내면을 갈고닦고자 했다. 교수로서 명성을 얻은 그는 이성적이고 통찰력 있는 인물로 존경받았지만, 경쟁자들의 시기를 유발했다. 그러나 학자로서의 남다른 자질 외에도 그는 어떠한 것에도 굴하지 않는 훌륭한 정신의 소유자였다. 돈이 많고 잘난 체하는 이들을 경멸한 그가 품은 유일한 야망은 학계에 널리 이름을 알려 당대 최고의 학자로 명성을 얻는 것이었다.

하지만 스물일곱이 되던 해, 그 모든 철학적 지식도 사랑의 화살로부터 그를 지켜내지 못했다. 아벨라르가 강의를 진행하던 장소에서 멀지 않은 곳에 노트르담 성당의 성직자 풀베르Fulbert가 살았다. 그의 조카딸이었던 유명한 엘로이사는 그의 보호와 관심 아래 교육을 받았다. 그녀는 균형 잡힌 몸매와 이목구비를 지녔고 눈은 반짝였으며 입술은 붉고 아름다웠다. 안색이 밝은 데다 태도가 단정한 그녀는 상냥하고 매력적이었다. 또한 그녀는 놀라운 기지의 소유자로 뛰어난 기억력과 상당한 학문적 지식을 지녔으며 그 성향은 겸손하고 온화했다. 더욱이 이 모든 기량에는 기품 있고 마음을 움직이는 기운이 깃들어 있어 그녀를 만난 이들은 사랑에 빠지지 않을 수 없었다.

그녀에게 단번에 매료된 아벨라르는 이 멋진 여인을 만나 이야기를 나눈 순간 사랑의 열정에 도취되고 말았다. 열정에 사로잡힌 그는 다른 모든 일들을 제쳐두고 소홀히 했다. 그는 이성과 철학의 부름에도 귀 기울이지 않았으며, 오로지 그녀를 만나 대화하는 데만 온 신경을 집중했다. 얼마 지나지 않아 그의 사랑에는 다행스럽지만 행복에는 치명적인 일이 벌어졌다. 조카딸에 대한 애정이 깊었던 풀베르가 자연이 아낌없이 선사한 조카딸의 뛰어난 재능을 최고로 향상시키고자 아벨라르를 개인 지도 교사로 삼았고, 그는 교사의 자격으로 엘로이사의 집에 출입하게 되었던 것이다. 서로에 대한 열정이 제자와 스승 모두의 가슴에 스몄다. 그녀는 아벨라르의 정부가 되고자 했으나 그의 부인이 되는 건 오랫동안 거부했다.

그들의 비밀스러운 사랑은 오래 감춰지지 못하고 풀베르에게 들키고 만다. 아벨라르는 그의 집에서 쫓겨났지만, 황홀한 사랑에 취한 엘로이사는 그에게 달려가 그의 여동생의 보호를 받으며 지내게 된다. 그러나 그녀의 숙부는 불운한 아벨라르에게 잔인한 복수를 행하고, 결국 그녀는 아르장퇴유Argenteuil의 수녀원으로, 그는 성 길다스 수도원으로 보내지고 만다. 이 수도원에서 그의 근간은 자신의 영혼을 뒤흔들어 놓은 열정보다 사납지 않은 바다의 파도에 씻겼고, 그리하여 불운한 아벨라르는 종교적·학문적 수행을 통해 사랑의 기억을 죄다 지우고자 했다. 그는 대담한 시도를 하기엔 너무도 유약했다.

그렇게 참회와 고행 속에서 여러 해가 흐르고 두 사람 사이에는 어떠한 소통도 없었다. 아마도 시간이 더 흘렀다면 그들의 격렬한 감정이 좀 더 현저히 진정되었을지도 모를 일이었다. 그러나 아벨라르는 그의 벗 필린터스Philintus에게 닥친 고통스러운 상황을 위로하는 편지에서 엘로이사에 대한 애정을 절절히 언급했고, 그 편지는 급기야 그녀의 손에 들어가게 된다. 그녀는 오래도록 지속된 침묵을 깨고 그에게 편지를 썼고, 편지를 읽은 그의 마음속에서는 이전에 느꼈던 온갖 열정적 분노가 되살아났다. 시간과 서로의 부재, 고독, 그리고 기도는 여전히 아름다운 엘로이사의 상냥함과 온화함을 조금도 앗아가지 못했고, 불운한 아벨라르의 배짱을 키우지도 않은 듯했다.

마음을 진정시키는 종교의 영향력은 엘로이사보다 아벨라르에게 좀 더 일찍 감명을 준 듯했으나, 정작 그는 이전의 행복과 현재의 고통을 비교하며 그 힘에 줄곧 대항할 따름이었다. 그는 도덕적 스승이나 경건한 고해 신부가 아닌 여전히 사랑에 빠진 연인으로서 엘로이사에게 답신을 썼다. 상처 입은 그의 감정은 과거의 기쁨을 떠올리며 어느 정도 누그러졌다. 그는 변함없는 다정함을 맹세하고 그녀와의 이별로 자신이 얼마나 비통했는지 고백함으로써 그녀의 슬픔을 위로했다. 성 길다스 수도원에서보다 성령 안에서 그의 한숨 소리는 덜했고 슬픔에 대한 반항도 더 강렬해지지 않았다. 줄곧 이어진 고독은 그에게 안도감을 선사하기는커녕 병을 악화시키는 약을 건넸고, 크나큰 슬픔이라는 독수리에게 혼란스러운 그의 마음을 찢고 삼킬 여유를 허락했다. 그는 이렇게 말한다.

"사랑에 기대하는 바가 없기에 종교는 내게 미덕을 좇으라 이른다. 하지만 내 상상 속에서 사랑은 여전히 그 지배권을 주장하며 지난날의 기쁨을 품는다. 기억은 내 정부의 자리를 메운다. 경건함과 의무가 늘 은둔의 결실이라 할 순 없다. 사막에서조차 하늘의 이슬은 우리를 비켜

가고 우리는 더 이상 사랑하지 말아야 할 대상을 사랑한다. 고독을 통해 고무된 열정은 죽음과 침묵의 영역을 메운다. 그리하여 그래야만 하는 것을 따르는 일이 드물고, 하느님만을 사랑하고 섬기는 일 역시 좀처럼 찾아보기 힘들다."

엘로이사의 편지는 부드럽고 온화하여 사람의 마음을 끌었지만, 가장 뜨거운 사랑의 언어와 굴하지 않는 열정의 기운을 발산했다. 그녀는 이렇게 말한다.

"제 방에는 당신의 사진이 있지요. 사진을 지나칠 때면 그걸 가만히 들여다보곤 한답니다. 정작 당신 앞에선 눈도 제대로 못 드는데 말이죠. 어떠한 대상을 말없이 보여주는 사진이 그와 같은 기쁨을 줄 수 있다면 편지라고 우리를 고무시키지 못할까요? 편지에는 영혼이 담겨 있죠. 편지는 오가는 마음을 표현해 내는 힘을 지니며, 열정의 불꽃도 품고 있지요. 그래서 마치 편지의 당사자들이 그 자리에 있는 것처럼 열정의 불길을 일으킬 수도 있답니다. 편지는 부드럽고 섬세한 언어를 담기도 하지만 때론 그 이상의 대담한 표현도 포함하지요. 우린 서로에게 편지를 써도 돼요. 그처럼 순수한 즐거움조차 금지된 건 아니니까요. 태만하여 단 하나 남은 행복마저 잃는 일은 없도록 해요. 그건 악의에 찬 적들도 앗아갈 수 없는 유일한 행복일 거예요.

전 편지를 읽으며 당신이 남편이라 여길 테고, 당신 역시 아내처럼 말하는 절 알아보시겠지요. 당신이 얼마나 불행하든 편지에서만큼은 바라는 모습일 수 있답니다. 편지란 게 본래 저처럼 외롭고 가엾은 이들을 위로하기 위해 고안된 것이니까요. 당신을 만나는 즐거움을 누릴 수 없으니 당신이 쓴 편지를 통해 그 상실감을 메워보려 합니다. 질투를 하실 거라면 당신의 편지를 향한 제 애정 어린 호기심을 질투하시고, 편지를 통해 제가 누릴 행복만을 부러워하시면 되겠지요. 편지 때문에 문제가 될 소지는 없으니 고민하지 마시고 편안히 써 내려가시면 됩니다. 전 머리보단 마음의 소리를 읽고 싶으니까요. 언제나 사랑하노라 말씀해 주지 않으신다면 전 살아갈 수 없겠지요. 기억해 주세요(연인들이 기억하지 않는 건 없겠지요?). 당신의 이야기를 들으며 제가 얼마나 기쁜 하루를 보내는지 말이에요. 그리고 당신이 함께하지 않을 땐 다른 이들과 교류하지 않고 오로지 당신을 향해 편지를 쓴다는 걸요. 편지가 당신 손에 들어갈 때까진 얼마나 불안한지 모릅니다. 정말이지 절친한 이와 맞닿으려면 섬세한 기술이 필요한 듯합니다.

너무 세세한 부분까지 이야기하다 보니 놀라실 수도, 그리고 앞으로 닥칠 일이 걱정되실 수도 있겠군요. 하지만 당신을 향한 제 끝없는 열정이 더 이상 부끄럽지 않습니다. 이보다 더한 일도 겪어냈으니까요. 전 당신을 사랑할까 봐 제 자신을 증오해 왔습니다. 그리고 여태 제 자신을 가두고 괴롭혔죠. 당신이 좀 더 평온하고 수월하게 살아갈 수 있도록 하기 위해서 말입니다. 감각적 교류로부터 완벽히 해방된 사랑과 미덕이 결합할 때 비로소 그러한 결과를 이끌어낼 수 있는 법이죠. 악은 결코 이와 같은 감정을 불러일으키지 못합니다. 베일을 쓰고 당신의 법에 따라 살아가겠노라 약속한 순간 당신이 온전히 내 것이 되리라는 바람과 함께 제 자신을 기만했지요! 서원을 하면서도 저는 당신의 사람이 되겠노라고 오직 그것만을 맹세했답니다. 그렇게 저는 스스로 저를 가둬야 했습니다. 당신은 저를 이곳에 두려 하지 않으셨지만요. 오로지 죽음만이 저를 이곳에서 벗어나게 할 수 있습니다. 저를 태운 재 역시 여기 머물며 당신을 기다리겠지요. 마지막 순간까지 당신을 향한 제 복종과 헌신을 입증하기 위해서 말입니다."

아벨라르는 이성의 지시에 따르려 애썼지만 그의 답신에는 숨은 애정이 드러났다. 그는 이렇게 말한다.

"엘로이사, 뿌리 깊은 열정의 수치스러운 잔해로부터 자신을 지켜내시오. 하느님 외에 다른 대상을 조금이라도 떠올린다면 그것이 바로 간음임을 기억하시오. 이곳에서 지내는 난 창백하고 빈약하며 우울하오. 그런 데다 귀찮기 그지없는 수도승들은 학문에 대한 내 명성을 그들의 어리석음과 무지에 대한 비난으로 여긴다오. 내 수척한 모습은 비대한 그들에 대한 중상모략이 되고, 내 기도를 개혁의 전형이라 생각하는 것 같소. 그들이 속아 넘어간 내 비겁한 한숨과 무익한 눈물을 본다면 과연 그대는 뭐라 할 것이오? 아! 나는 과거의 잘못을 회개하기보다 사랑의 무게 앞에 굴복했소.

아, 나의 엘로이사. 나를 가엾게 여겨 고통받는 내 영혼을 놓아 주시오! 만일 그대의 소명이 내 바람이라면 부디 끊임없는 근심으로 그 가치를 앗아가는 일이 없도록 하시오. 내적 은둔으로 그대를 감싸는 그 의복을 지키겠다 말해 주시오. 그대의 나약함으로부터 구원받고자 한다면 하느님을 두려워하시오. 또 미덕을 증진시키고자 한다면 그분을 사랑하시오. 수도원을 불편해하지 마시오. 그곳은 성자들의 집이니 말이오. 당신의 무리를 받아들이시오. 그들은 예수의 사슬이니, 당신이 겸손과 회개로 그들을 견뎌낸다면 그가 그것을 덜어주실 것이니.

부탁하건대 나를 일종의 창시자나 어떤 식으로든 당신이 존경할 만한 인물로 여기지 말아 주시오. 그대의 찬사는 커져만 가는 내 나약한 마음에 부합하지 않으니 말이오. 나는 재판관 앞에 꿇어 엎드린 비참한 죄인이라오. 은총의 빛이 내 고단한 영혼에 내릴 때 나는 대지에 입 맞추고 내 한숨과 눈물이 흙과 한데 섞이게 하리다. 그대가 길을 잃고 쓸쓸한 가엾은 연인을 살핀다면 더 이상 그의 애정을 갈구하지 않으리. 그대의 다정한 사랑은 천국의 은총과 향후의 위안을 앗아갈 수밖에 없는 세속적 열정이 끼어드는 것을 허락하지 않을 테니. 그대는 오로지 신을 향한 한숨과 눈물의 대상이 되고 싶지 않을 터.

나의 엘로이사여, 내 비상한 악과 손잡고 미완된 죄의 정복을 고취시키겠는가? 마음의 취약함을 잘 알고 있다면 이루지 못할 일이 무엇일까? 모든 신성한 유대를 통해 그대에게 이르노니 가련한 아벨라르일랑 영영 잊고 그를 구원에 이르게 해 주시오. 과거 우리의 기쁨과 현재의 공통된 불운으로 그대에게 간청하나니 부디 나를 파멸로 이끌지 마시오. 지금 내게 보여줄 수 있는 최고의 사랑은 그대의 애정을 감춰두고 나를 영영 버리는 것이오. 아, 엘로이사! 오로지 신께 헌신하시오. 내 이렇게 그대를 온전히 놓아줄 것이니.'

사랑과 종교의 갈등은 더욱 격렬하고 파괴적인 고통으로 엘로이사의 영혼을 찢어놓았다. 아벨라르에게 쓴 그녀의 답신은 가슴속에서 타올라 억누르지 못한 열정에 고독이 미치는 위험한 영향을 고스란히 담고 있었다. 그녀는 이렇게 외친다.

"베일을 드리운 제가 얼마나 혼란스러운지 보십시오! 뜻하는 바에 맞서 의무를 고수하기란 얼마나 어려운지요! 저 역시 이 신성한 베일이 제게 부여한 의무를 잘 알고 있습니다. 하지만 습관적인 오랜 열정 때문에 제 마음에 자리한 더 강력한 힘에 이끌리게 되는군요. 저야말로 전능한 사랑의 희생양이겠지요. 제 열정은 저를 힘들고 혼란스럽게 합니다. 때로 제 영혼은 제 모습을 통해 고양된 경건함에 사로잡히기도 하지만, 전 이윽고 제가 느끼는 애정과 사랑의 제안에 자리를 내어 주고 말죠. 상상 속에서 전 지난날의 기쁜 장면들을 휘젓고 다닙니다. 이제 조금 전까진 이야기하지 않았던 걸 밝히도록 하죠. 전 당신을 사랑하지 않기로 결심했답니다. 그리고 제가 한 맹세와 제가 취한 베일의 엄숙함을 떠올립니다.

그러나 예기치 않게 제 마음 깊은 곳에선 이 모든 생각을 이기는 열정이 솟구쳐 올라 제 이성을 흐리고 신앙을 무너뜨리려 합니다. 당신은 제 영혼의 은밀한 곳까지 속속들이 지배하고 있죠. 그리고 그런 당신에게 어디서부터 어떻게 대처해야 할지 모르겠답니다. 저와 당신을 너무도 긴밀히 엮어둔 그 사슬을 끊어보려 하지만, 그럴 때마다 전 그저 제 자신을 기만할 따름이며 그 모든 노력이 당신에게 휘둘리고 있음을 확신할 따름이지요. 서로를 향한 우리의 마음마저 더욱 단단해지고 말이에요. 아! 제발 제청을 들어주세요. 그대를 포기하는 것이 제 의무임을 보여주세요. 그리하여 제가 욕망을 등질 수 있도록 말이에요. 당신이 여전히 연인이나 아버지라면, 아, 부디 그 정부를 도우고 괴로운 어린아이의 혼돈에 위안을 주세요.

이처럼 간절하고 다정한 이름은 틀림없이 연민이나 사랑의 감정을 불러일으킬 테지요. 제 청을 들어주세요. 그저 계속 제게 편지를 써 주시면 됩니다. 그러면 전 당신에 대한 사랑으로 맡게 된 역할을 모독하지 않고 그에 따른 힘든 임무를 수행해 나가겠어요. 당신의 조언과 훈계를 밑거름 삼아 전 기꺼이 제 자신을 낮추고 놀라운 하느님의 섭리 앞에 참회하고 이를 받아들이겠습니다. 하느님께서는 그 은총으로 우리의 악하고 부패한 본성을 정화하십니다. 또 상상할 수 없이 크나큰 자비로 우리의 바람이 아닌 그분께로 우리를 이끄시지요. 그렇게 점차 하느님께선 우리의 눈을 열어 애초에 우리가 이해하지 못했던 그 위대한 너그러움을 알아차리게 하십니다. 모름지기 미덕이란 그 매력이 드러나는 순간 받아들이지 않기엔 너무도 매혹적이며, 반면 악은 그 결함을 내비칠 때 너무도 추악하여 피할 수밖에 없는 법이지요. 기쁠 땐 모든 것이 아름다워 보입니다. 두렵거나 힘든 일도 없습니다. 전 오로지 홀로 남아 당신의 도움을 받지 못할 때 나약하지요. 그러니 제가 바라시는 대로 거듭나는 건 오직 당신께 달려 있습니다.

아! 당신은 제 영혼에까진 강한 영향력을 발휘하지 못하셨군요! 분명 당신은 두려움 때문에 제 간청을 듣지 못하고 제 바람을 등한시하셨겠지요. 하지만 대체 무엇이 두렵단 말입니까? 정작 우리가 함께 행복했던 시절, 당신은 저와 당신을 결속시킨 것이 즐거움인지 사랑인지 의심했을 수도 있겠지요. 하지만 이렇게 제 애석함을 표현하는 지금에 와서는 설령 그러한 의심이 당신 안에 자리한다 해도 전 그러한 생각을 지워버릴 것입니다.

이처럼 음울한 벽 안에 갇힌 지금도 제 마음은 당신을 향한 애정으로 넘쳐납니다. 저 유쾌하고 화려한 세계에서 보다 말이죠. 즐거움이 제 인도자였다면 세상은 제 기쁨의 무대였겠지요. 고작 22년의 삶이 흐른 시점에서 제 영혼을 흠뻑 빠져들게 한 연인은 잔인하게도 내 품에서 떠나갔습니다. 보통 그 나이에 이른 여성의 매력은 멸시받는 일이 없습니다. 하지만 저 당신의 엘로이사는 젊음의 쾌락을 좇는 대신 당신을 잃은 순간 세상을 등졌습니다. 뜨거운 열정으로 가슴이 뛰는 와중에도 그 감정을 억누른 채 차갑고 음울한 수도원에 스스로를 묻어버렸죠. 그녀는 당신에게 매력의 꽃을 바쳤고, 이제는 빛바랜 미의 빈약한 잔해를 바칩니다. 더불어 고독과 슬픔 안에서 보낸 따분한 시간들과 미망인의 밤을 천국과 당신에게 바치죠."

아! 엘로이사가 가슴속에서 허황되게 키워낸 열정은 평화로운 그녀의 마음을 독사처럼 자극하며 쏘아댔고, 영성과는 거리가 멀었다. 성령의 벽은 그녀가 이전에 내뱉었던 것보다 더 거친 한숨을 울려 퍼지게 했다. 또 사랑하는 아벨라르와 나눴던 기쁨이 사라진 걸 떠올리며 아르장퇴유의 수도실에서 흘린 눈물보다 더 많은 눈물을 흘리는 광경을 지켜보았다. 실제로 그녀의 편지에 드러난 바와 같이 그녀는 고되지만 무력한 열망을 품은 채 자신의 사고와 반성은 물론 그의 조언과 훈계를 통해 스스로를 꾸짖고 흐려져 가는 미덕을 지탱하고자 했다. 그러나 열정은 집요하게도 그녀의 마음속에 깊이 자리했다. 그녀는 삶을 마감하는 순간이 도래하고서야 멋대로 오가는 상상을 억누르고 밀려드는 허황된 공상을 가라앉힐 수 있었다. 서로가 떨어져 있는 동안 그녀는 자신의 사랑이 마냥 순수하고 영적이라는 생각에 빠졌다. 하지만 이러한 생각을 통해 그녀가 얼마나 기만당했는지는 편지에도 여러 번 드러난다. 그들의 애틋하고도 지나치게 열정적인 사랑에 대한 그 모든 공상 속 순결함 안에서

그녀는 즐거운 감각의 미로를 거슬러 내달려
사랑과 인간의 노예임을 느꼈다.

걷잡을 수 없이 지나친 엘로이사의 공상과 감정은 억제되지 않은 본성의 뜨거운 충동에서 비롯된 것이 아니었다. 그것은 수도원의 고독이라는 악취를 풍기는 온상에 억지로 떠밀려 미덕을 해치고 이성을 혼돈에 빠뜨렸던 것이다. 이 유명한 연인들의 이야기를 가만히 들여다보고 적절히 이해한다면 사회적 삶의 즐거움과 일에서 전적으로 물러나는 것이 얼마나 위험한지, 또 성급하고

비계획적인 은둔 기간 동안 상상이 얼마나 부정직할 수 있는지, 열정은 얼마나 불타오를 것인지 깨닫게 된다.

사랑의 좌절에 뒤이은 광분은 깊은 우울의 습관으로 고착될 수 있다. 섬세한 감수성과 순수하고 다정한 영혼은 뜨거운 신체와 열정적인 상상력과 결합되어 방해와 제약을 경험하는 순간 가장 극심한 분노를 겪게 된다. 고독은 그러한 상황에서 비롯된 감정을 확실시한다. 또 그러한 감정 때문에 괴로워하는 이의 열정과 성향은 방탕한 대도시의 게으른 풍요와 방종보다는 은둔의 여유를 통해 더욱 부패되고 악화될 수 있다.

다른 사랑의 모습

페트라르카가 라우라에 대해 품은 사랑은 교양 있고 고상하며 도덕적이어서 불운한 엘로이사의 지나친 애정과는 모든 면에서 달랐다. 하지만 당시의 상황은 그를 사랑하는 대상으로부터 떨어뜨려 놓았다. 페트라르카는 실망에서 비롯된 지독한 우울감의 압박에 시달리며 여러

해 동안 괴로워했다. 그가 라우라를 처음 본 건 그녀가 세인트클레어 수도원의 교회로 향할 때였다. 당시 그녀는 녹색 옷을 차려입고 보라색으로 수놓은 가운을 걸치고 있었다. 그녀의 인상과 태도, 걸음걸이는 이 세상 사람의 것이 아닌 듯했다. 우아했고, 두 눈은 부드럽고 반짝였으며 눈썹은 흑단처럼 짙었다. 눈보다 새하얀 라우라의 어깨 위로 금발이 넘실댔고 사랑의 손길이 굽실대는 머리칼을 땋아둔 듯했다. 그녀의 목선은 균형을 이루었고, 안색은 타고난 생기로 빛났다. 그런 그녀의 모습은 예술로도 감히 표현해 낼 수 없는 것이었다. 게다가 그녀의 음성은 진주만큼이나 아름답고 장미꽃처럼 달콤한 향기를 풍겼다. 라우라는 더없이 우아했다. 그녀의 온화한 표정과 겸손한 태도, 마음을 울리는 음성에 비할 수 있는 건 없었다. 또 그녀의 태도에서는 유쾌함과 다정함이 풍겼다. 가시나무에 맺힌 이슬만큼이나 순수했기에 그 때묻지 않은 행복한 기질도 보는 이로 하여금 선한 감정을 느끼게 했다. 그녀에게 매료된 연인은 이처럼 신성한 존재를 이와 같이 표현해 냈다.

페트라르카로선 불운한 일이었지만, 그녀는 당시 위그 드 사드Hugues de Sade와 혼인한 상태였다. 사드의 가문은 본래 아비뇽 출신이었고 그곳에서 요직을 맡고 있었다. 페트라르카는 사랑에서 비롯된 불안 때문에 고통을 겪었지만, 그럼에도 자신이 열정을 감추는 한 라우라가 자신을 친절히 대할 것이라 여겼다. 그러나 라우라는 페트라르카가 자신의 매력에 사로잡혔음을 알아차리고 그를 매우 엄격하게 대하기 시작했다. 우선 그녀는 페트라르카가 자주 다닐 것 같은 모든 장소를 피했고, 우연히 마주치더라도 커다란 베일로 얼굴을 가렸다. 그는 자신의 사랑이 도덕적이지 못한 것 같다는 불운함을 격렬히 느꼈다. 그리하여 괴로운 마음을 진정시키고자 가장 빼어나고 아름다운 자연 경관을 자랑하는 유명한 보클뤼즈Vaucluse로 숨어들었다.

그는 이렇게 말한다. "아! 난 내가 뭘 하고 있는지 몰랐구나. 몸을 사리려는 내 계획은 부적절했네. 고독은 내 극심한 슬픔을 덜어주지 못했으니. 나를 잠식한 비탄은 강렬한 불길처럼 나를 집어삼켰네. 그 기세를 피할 길은 없지. 위로받지 못한 채 혼자였던 나는 깊은 고통 속에서도 조언을 구하고 기댈 친구 하나 없었네. 우울과 절망은 무방비 상태인 내 가슴에 독화살을 쏘아댔고, 나는 부드럽고 아름다운 계곡을 한숨과 탄식으로 채웠지. 분명 뮤즈는 내 고통을 세상에 전했고, 시인은 칭송받았지만 불운한 연인은 동정받지 못한 채 버려졌지."

페트라르카의 시에 영감을 준 사랑은 마음에서 우러난 순수하고 지극한 열정이었다. 그리고 그의 괴로움은 사랑의 대상과 영영 함께할 수 없다는 생각이 낳은 우울감 때문에 특히나 더 통렬해졌다. 그에 비하면 아벨라르와 엘로이사의 사랑은 날뛰는 욕망에서 비롯된 격렬한 열의였다. 이러한 열정은 본래 그 근원에 따라 맑거나 흐리게, 혹은 평온하거나 격렬하게 흐른다. 열정이 순수하고 오염되지 않은 근원에서 피어오를 때, 그 흐름은 맑고 평온하며 기쁨으로 에워싸인다. 그러나 그 근원이 더럽고 흐름의 경로가 적절하지 못하다면 물살은 거품을 일으키고 격렬해지다 둑을 넘어와 비옥한 자연 경관을 해치고 만다. 이처럼 강력하지만 종류가 다른 열정이 낳은 제각각의 결과는 열정의 영향을 받은 동일인의 성격이 극명히 달라진다는 관점에서 인간이 두 가지 다른 영혼을 지닌다는 생각을 불러일으킨다. 그러니까 그중 하나는 악으로, 다른 하나는 선으로 이어진다는 것이다. 어느 저명한 철학자는 다음과 같은 일화를 통해 이러한 개념을 설명한 바 있다.

  사랑과 우정을 수용할 수 있었으며 투지 넘치는 성격의 고결한 젊은 왕자는 모든 면에서 자신과는 반대인 어느 폭군과 전쟁을 벌였다. 왕자는 무기와 군대만큼이나 관용을 통해 위대한 정복자가 되는 것을 행복으로 삼았다. 그리하여 그는 폭군의 지배하에 있었던 여러 통치자와 왕자를 자기편으로 만들어둔 터였다. 여전히 적을 신봉하는 이들 중에는 왕자가 한 명 있었는데, 그는 인격과 공로 면에서 이점을 두루 갖춘 인물로 최근 세상에서 가장 아름다운 공주와 서로 사랑을 나누며 행복을 누렸다.
  전쟁이 벌어지자 갓 결혼식을 올린 왕자는 사랑하는 공주를 두고 멀리 떠나게 되었다. 그는 나라 안에서도 먼 곳에 자리한 어느 견고한 성으로 그녀를 안전하게 피신시켰다. 적어도 그는 그녀가 안전하다고 여겼다. 그러나 그가 떠난 후 그곳은 기습 공격을 받아 공주는 전쟁을 벌인 왕자 측의 포로가 되었다. 막사에는 왕자가 총애하는 젊은 귀족이 있었다. 그 귀족은 왕자와 함께 교육까지 받아 그가 아주 친근하게 대하는 인물이었다. 왕자는 그 귀족에게 포로로 잡힌 공주를 맡도록 엄히 명령했다. 공주가 그녀의 신분과 가치에 부합하는 대우를 받아야 한다고 생각했기 때문이다. 그 젊은 귀족은 포로들 사이에서 변장한 공주를 발견하고는 그녀의 사연에 대해 듣게 되었다. 그는 이 사실을 고결한 왕자에게 자세히 이야기했다. 잔뜩 흥분한 귀족은 슬픔에 잠긴 공주가 얼마나 아름다웠는지 왕자에게 알렸다. 더불어 형편없는 의복으로 가렸음에도 그녀의 태도가 다른 여인들에 비해 얼마나 돋보였는지도 언급했다. 그러나 이 귀족이 의아하게 여긴 점은 바로 그가 공주에 대해 이야기하는 내내 왕자는 그녀와 만날 의향을 비치거나 그녀에 대해 궁금해하지 않았다는 것이다. 그런 상황에서는 그와 같은 반응이 당연한데도 말이다. 결국 그는 왕자를 재촉해 보았지만 허사였다.

그는 의아해하며 이렇게 말했다. "공주를 만나지 않으

시겠다니요, 전하! 그녀는 여태 본 여인들보다 훨씬 더 아름다운걸요!" 그러자 왕자는 이렇게 답했다. "그런 이유 때문이라면 난 그 면담을 거절하겠소. 그녀가 아름답다는 말만 듣고 거기에 매료되어 이 급박한 시기에 그녀를 찾아간다고 칩시다. 일단 그녀를 보고 나면 내가 여유로울 때 더 나은 이유를 대어 그녀를 찾을 것 아니겠소. 그렇게 자꾸자꾸 그녀를 방문하다 보면 결국 내 일을 돌볼 여유가 없어질 것이오."

젊은 귀족은 미소를 지으며 이렇게 말했다. "그럼 아름다운 얼굴이 의지 자체를 조종하고 자신이 뜻하는 바와 반대로 행동하게 할 만큼 강력한 힘을 지녔다고 말씀하시는 건가요? 자극적인 사랑과 억누를 수 없는 불꽃을 이야기하는 시인들에게 귀 기울여야 할까요? 그것이 진정 불꽃이라면 모든 걸 태워버리겠죠. 하지만 그러한 가상적 아름다움은 그에 동조하는 이들만을 해하며, 우리가 허용하는 선에서 영향을 미칩니다. 우리는 그것을 완벽히 조종할 수 있습니다. 가장 가까운 친족과 혈연관계처럼 말입니다. 아울러 권한과 법도 그것을 제어할 수 있죠. 하지만 우리의 의지가 전적으로 자유롭지 못하다면 법적

간섭이나 규제는 헛되고 불공정할 것입니다."

왕자가 대답했다. "그렇다면 말이오. 우리가 스스로 선택할 수 있고 처음에는 내키는 대로 상대를 흠모하고 사랑할 수 있다면 추후에 그럴 만한 사유가 발생했을 땐 어찌하여 사랑을 그만둘 수 없는 것인가? 후자의 경우에 대해선 자네도 변명의 여지가 없을 것 같네만. 사랑에 빠지기 전엔 자유에 최고의 가치를 부여했지만, 이후엔 더없이 비굴해져 그 무엇보다 끈질긴 사슬에 어쩔 수 없이 얽매인 자들에 대해 분명 들었을 것이오."

젊은 귀족이 말했다. "그처럼 가엾은 자들이 불평하는 소리는 자주 들었지요. 그들이야말로 자신을 도울 방법이나 힘이 없는 비참한 자들입니다. 그들이 삶 자체에 대해서도 같은 방식으로 격렬히 불평하는 걸 들으실 수 있을 겁니다. 그 삶에서 벗어날 통로가 충분히 존재하지만, 그들은 그저 그 자리에 가만히 머무는 게 편하다고 여기죠. 그들은 거부할 수 없는 불가피한 일이라는 사유로 타인의 것을 취하고 부정을 저지르는 자들입니다. 그러나 법 역시 타인의 것을 침해하는 이들처럼 그들을 대담하게 대하지요. 전하께서 그런 행위를 보아 넘기시진 않겠지요. 그러니 인정하셔야만 합니다. 아름다움 그 자체는 무고하며 악의가 없기에 누군가 잘못을 저지르도록 만들지 않는다는 걸 말입니다. 방탕한 자는 부당하게도 자신의 죄를 사랑 탓으로 돌립니다. 정직한 자는 아름다운 것이라면 그저 흠모하고 사랑하며 허용된 정도를 넘어 무언가를 제의하지 않습니다. 그렇다면 전하, 어찌 당신처럼 선하신 분께서 그러한 유혹 때문에 고통이나 두려움에 사로잡힐 수 있단 말입니까? 보십시오, 공주를 보고 나서도 전 이렇게 멀쩡하지 않습니까. 그녀와 대화하고 난 후부터는 그녀를 더욱 우러러보게 되었지요. 하지만 전 여전히 제 본분을 다하고 있고 앞으로도 늘 전하의 분부에 따를 것입니다."

이에 왕자는 이렇게 대답했다. "좋소. 앞으로도 그대답게 변함없이 임무에 충실하기 바라오. 지금과 같은 전시엔 이 아름다운 포로가 도움이 될 수도 있으니 말이오."

젊은 귀족은 명령을 이행하기 위해 떠났고, 곧장 포로가 된 공주를 극진히 살폈다. 덕분에 그녀는 자신의 나라에서처럼 대우를 받고 모든 걸 소유한 듯했다. 그는 그녀가 모든 면에서 그러한 대우를 받을 만하다고 여겼고, 그녀의 관대함은 여타의 매력을 능가할 정도였다. 귀족이 그녀를 살펴 고통이 덜하도록 돕자 공주 역시 감사한 마음을 표현하고자 했다. 이윽고 젊은 귀족은 그런 그녀의 마음을 알아차렸다. 그녀가 늘 그를 진심으로 염려하는 모습을 보였기 때문이다. 무엇보다 귀족이 병이 나자 공주와 하인들이 그를 성심성의껏 돌보았고, 이 때문에 그는 자신이 회복한 건 전적으로 그녀의 우정 덕분이라고 여기는 듯했다. 쉽게 짐작할 수 있듯이 이 시기를 기점으로 젊은 귀족은 조금씩 자연스럽게 절절한 사랑에 빠졌다. 처음에는 그 자신도 이러한 사실이 믿기지 않았기에 자신의 열정을 왕자에게 조금도 터놓지 않았다. 하지만 그의 열정이 나날이 커짐에 따라 어느새 두려움도 가라앉았고, 공주는 자연스러운 걱정과 진심에서 우러난 염려와 더불어 귀족의 고백을 받아들였다.

그녀는 벗으로서 그토록 부적절하고 지나친 열정을 가라앉히도록 그를 설득하려 애썼다. 그러나 얼마 지나지 않아 난폭하게 변한 그는 그녀에게 강압적으로 말하기 시작했다. 안하무인으로 행동하는 귀족의 태도에 놀란 공주는 즉시 왕자에게 사람을 보내 그의 보호를 요청했다. 왕자는 평소보다 더 주의를 기울여 그 소식을 경청하는 듯했고, 곧 주요 각료 중 하나를 급파해 공주가 부리는 하녀와 함께 젊은 귀족을 찾아가 공주를 강압적으로 대하지 말 것을 알리도록 지시했다. 더불어 필요시에는 그를 설득해도 좋다고 일렀다. 그 신하는 왕자가 총애하는 귀족의 뿌리 깊은 적이었으므로 왕자의 메시지를 더 심각하게 꾸며 전달했고, 젊은 귀족의 잘못된 처신을 맹렬히 비난했다.

그뿐만 아니라 신하는 젊은 귀족이 왕자의 신뢰를 저버리고 국가의 위상에 먹칠을 했다고 주장하며 대놓고 그를 꾸짖었다. 왕자가 급파한 신하는 주인의 메시지를 매섭고 격한 투로 전달했고, 이에 자신이 처한 상황이 절망적이라고 받아들인 젊은 귀족은 깊은 우울감에 빠져 자신에게 닥칠 운명을 기다리며 마음의 준비를 했다. 그의 잘못된 처신에 깊은 인상을 받은 동시에 그로 인해 자신이 처할 위험한 상황을 염두에 둔 왕자는 젊은 귀족으로 하여금 개별적으로 자신을 알현할 것을 명했다. 젊은 귀족은 혼돈으로 가득한 왕자의 밀실에 들어섰다.

왕자는 이렇게 말했다. "난 이제 자네에게 무서운 존재가 되었군. 자네가 수치심 없이 나를 볼 수 없는 데다 내가 분개할 거라 여길 테니 말일세. 하지만 지금부턴 그런 생각일랑 떨쳐내길 바라네! 이 일로 그대가 얼마나 괴로워했을지 잘 알고 있으니. 사랑의 힘이라면 익히 아는 바이고 나 역시 아름다움을 멀리한 까닭에 무사할 따름이지. 전부 내 탓이오. 불행히도 그대를 감당하지 못할 상대와 만나게 한 건 바로 나 자신이니까. 실행하기 어려운 일을 맡긴 것도, 여태 누구도 이루어 내지 못한 모험과 같은 힘든 임무를 부여한 것도 나였지."

이에 젊은 귀족은 이렇게 답했다. "다른 모든 경우와 마찬가지로 전하께선 그 선량함을 너무도 자연스럽게 드러내십니다. 전하께선 타인에 대한 연민을 바탕으로 그들의 나약함을 받아들일 줄 아시지요. 하지만 다른 이들은 저에 대한 비난을 멈추지 않을 것이고 저를 용서하지도 않겠지요. 설령 제가 스스로를 용서할 수 있다 해도 말입니다. 절친한 벗들조차 저를 비난하고 있으니까요. 저를 아는 이들이라면 분명 누구든 저를 혐오스러워할 겁니다. 그러니 제게 합당한 최소한의 벌이라면 다시는 전하를 보지 못하도록 추방되는 것이겠지요. 더 이상 전하의 벗이라고 불릴 가치도 없으니까 말입니다."

왕자의 대답은 이러했다. "추방일랑 생각지 말게. 하지만 잠시 물러나 있어 준다면 내가 상황을 정리하지. 믿어 주게나. 그러면 자네가 복귀했을 땐 지금의 적들도 자넬 칭송할걸세. 그들과 나를 위해 얼마나 대단한 일을 했는지 깨닫게 될 테니 말이야."

왕자가 그렇게 넌지시 일러주자 절망에 빠진 젊은 귀족은 다시금 생기를 되찾았다. 그리하여 자신의 불운이 어떤 식으로든 왕자에게 도움이 될 수도 있다고 생각하게 되었다. 그는 왕자가 자신의 옛 명성과 행복을 되찾아 주기 위해 생각해 낸 계획에 기꺼이 동참하기로 하고 얼른 떠나 주어진 임무를 수행하고자 했다. 이때 왕자가 말했다. "그렇다면 그 매력적인 공주를 단념할 수 있겠는가?" 그러자 젊은 귀족은 눈물을 머금고 이렇게 답했다.

"아, 전하. 이제 저는 제 안에 두 가지 영혼이 있다는 사실을 확신합니다. 이러한 철학적 교훈은 바로 그 지독한 사랑을 통해 체득한 것입니다. 우리는 하나의 동일한 영혼을 가질 수 없으며, 선한 쪽과 악한 쪽은 개별로 존재합니다. 선과 악이라는 정반대의 것을 동시에 갈망하고 원한다는 것은 있을 수 없습니다. 두 개의 영혼이 필요한 것이지요. 선한 영혼이 이기면 우린 행복합니다. 하지만 악한 쪽이 이길 때 우린 불행해지지요. 제 경우가 바로 그러했습니다. 최근 사악한 영혼이 저를 지배한 통에 저는 비참한 나날을 보냈습니다. 하지만 이젠 전하의 도움으로 선한 영혼이 이기고 있으니 전 다시 태어난 셈입니다. 꽤나 다른 인지력과 이성, 의지를 지니게 되었죠."

욕구를 억누르고자 하는 자는 유혹을 피해야 할 뿐 아니라 공상에 빠지려는 순간 주의를 기울여 뜨겁게 피어오르는 상상을 잠재워야 한다. 이것이 바로 늘 위험에 노출된 확신의 본질이다. 공상 속 기쁜 장면 안에서 마음이 날뛰도록 내버려 두면서 이성이 욕망의 불꽃을 소멸시켜 줄 거라 생각한다면 감각적 욕구를 키우고 촉진하는 셈이다.

은둔 속 열정과 상상

한편 감각적 욕구는 오로지 침착하고 차분한 자연의 음성을 통해 인도될 때 부적절하게 치솟는 일이 없다. 혈액의 자연스러운 흐름 역시 자극적 요소에 의해 속도가 붙지 않는 한 격정적 상황에서도 고르고 차분하게 흐른다. 젊은이는 이런 종류의 사고를 경시하며 그것을 포만의 병이나 노년의 냉담함 탓이라 여긴다. 그러나 내가 살펴본 바에 따르면 사랑이라 부적절하게 일컫는 이 같은 자극적 요소를 좇는 이들은 대개 빛을 잃은 눈과 움푹 팬 뺨, 떨리는 손, 창백한 안색을 지닌다. 빛을 잃고 쇠약해지는 이러한 증상들은 그들이 즐거움을 추구하는 데 있어 자연을 고려하지 않았음을 명확히 드러낸다. 왜냐하면 자연은 인간의 신체에 너무 일찍 망가지거나 쇠퇴하는 성향을 심어두지 않았기 때문이다. 너무도 부당하게 기질과 체질에 전가된 책임은 사실 감각적 공상과 음탕한 생각들이 무너져 내린 순결과 건강을 상대로 불러일으킨 그릇되고 요란한 열정에의 탐닉으로 돌려야 한다.

이 점에 있어서 수도원은 막대한 피해를 불러일으킨

다. 이러한 종교적 감옥을 통해 자유롭고 제약 없는 사회적 교류와 멀어진 남녀들은 통제되지 않고 마구 날뛰는 상상력으로 고통받게 된다. 소년다운 수천 가지 공상들과 열렬한 욕구, 뜨거운 욕망이 짓궂은 비행을 일삼음에 따라 순결한 영혼은 타락하고 만다. 사랑의 열정을 정복하려면 무엇보다 상상에서 비롯된 사악한 제안을 잠재워야만 한다. 내면에서 벌어지는 소란스러운 반란을 가라앉히거나 그 소동을 진정시켜 내는 이는 어렵고도 영광스러운 업적을 단번에 이뤄내는 격이다.

성 제롬 St. Jerome은 자신의 내면에서 여러 무질서한 열정들이 솟아남을 알아차렸다. 그러나 사랑의 열정은 온갖 저항에 굴하지 않고 더욱 격렬히 그를 좇아 급기야 그가 은둔하며 겸손한 기도와 고독한 몰입으로 하느님의 자비를 구하는 어두운 동굴까지 따라왔다. 그의 외진 고독한 거처에 관능의 악마가 들어서게 되자 이윽고 그곳은 성가시고 사악한 마귀들로 들끓게 되었다. 테베 Thebais 사막의 은자 요한은 고독한 그의 형제들에게 다음과 같은 지혜로운 말을 남겼다.

"그대들 중 교만한 자가 있어 악마는 물론 그와 관련된 일 따윈 완전히 포기했다고 여긴다면, 단지 입으로만 이를 실행하고 세속적 위엄에서 물러나며 가난한 이들과 가진 것을 나눈다고 해서 충분하진 않음을 깨달아야 할 것이다. 이는 감각적 욕구를 포기하지 않는 한 구원받을 수 없는 까닭이다. 오로지 이러한 지배적 열정의 치명적 영향에서 벗어나 우리의 가슴을 정화함으로써 악마의 권모술수에 대응하고 그 위험한 행위로부터 우리의 마음을 지켜낼 수 있을 것이다. 죄는 늘 죄책감을 수반하는 열정과 허황된 욕망, 우리가 탐닉해 마지않는 유쾌한 성향을 통해 그 모습을 드러낸다. 또 이를 통해 평화의 적이 우리의 영혼을 제멋대로 지배하게 된다. 그렇게 되면 평온함과 참된 행복이 마음에서 떠나가 모든 것이 엄청난 혼란과 무질서에 사로잡히고 만다. 악마에게 마음을 내어주고 그로 하여금 거친 욕망과 악한 성향의 유독한 씨앗을 흩뿌리게 하는 자들은 바로 이러한 운명을 맞게 되는 것이다."

그러나 사랑이라는 눈부시고 황홀한 공상에 빠지게

되면 마음은 최고의 지복에 대한 고무적인 생각으로 가득 차고 이성의 힘은 그 매력에 좀처럼 맞설 수 없게 된다. 은둔자와 수도자의 경우 그들이 처한 상황 탓에 그러한 매력을 제대로 맛볼 수 없기에 태어나는 순간부터 이 고무적인 열정에 대한 초기 감정을 억눌러야 한다. 그와 같은 매력에 빠지게 되면 선에 치명적인 것은 물론 은둔자의 평화도 깨질 수 있기 때문이다. 이처럼 유쾌한 열정의 지시를 그와 같은 인물들이 적절히 가려들을 수 없다는 점은 구성원들에게 금욕을 명하는 수도원의 졸책과 부조리를 통해 강하게 드러낸다.

개인의 행복과 더불어 한 사회의 민간과 종교적 이익은 감각적 애정을 유도하여 공감과 다정함, 애정을 향상시킴으로써 최대로 증진된다. 그러나 이러한 축복은 고립된 광신도에겐 허용되지 않는다. 그곳에선 열정을 억눌러야 하며 원칙에 어긋나는 감각적 욕망과 공상의 꿈에 탐닉하지 못한다. 그는 이성과의 즐거운 결합을 이룰 수 없다. 이는 그러한 결합을 통해 개인적 이익을 전망하며 흠모의 정서가 증대되고 서로의 가치를 감지함으로써 사적인 즐거움이 유발되며 사랑의 뜨거운 열정이 우정이라는 시원한 바람을 타고 퍼지는 까닭이다. 그의 공상을 점령하는 건 오로지 본질적이고 강렬한 이러한 열정뿐이다. 그러한 열정은 그의 욕망을 다듬고 애정을 개선하는 대신 그의 영혼에 그릇된 상상과 감상을 불어넣음으로써 더욱 타락한 욕구를 품도록 한다.

그는 그러한 열정의 순수하고 고귀한 즐거움만큼이나 그로 인한 맹점에 대해서도 무지하다. 또 그러한 열정에서 비롯된 섬세하고 다양한 감정에 익숙하지 않은 그의 가슴은 더없이 격렬한 격정으로 타오른다. 그의 마음은 관능적 이미지에 빠지고 만다. 그의 성미는 스스로를 다그치며 자신을 유혹한 대상을 불행의 근원으로 지목하고 비난한다. 만일 그러한 인물의 지나친 사고가 바쁜 생활을 추구하고 그에 따른 즐거움을 느낌으로써 소멸된다면, 힘든 활동을 통해 그의 격렬한 열정이 저지된다면, 이성적으로 검토하는 습관을 통해 은둔의 획일적 성향을 변화시키고 정신적 호기심과 도덕적 반성을 취하여 그에게 전파된 동물적 욕망이 거듭 재발하지 않도록 한다면, 앞서 언급한 위험은 분명 줄어들 것이다.

그처럼 도움이 되는 수단이 없다면 그의 금욕과 참회, 기도, 수도자와 고행 기관의 온갖 금욕적 규율도 무효할 수밖에 없다. 도움을 제공하는 대신 금욕을 통해 세속적 불결함에 물든 영혼을 정화하여 신성한 빛과 숭고함으로 고양시키겠다는 종교적 신봉자들의 잘못된 생각은 비도덕적 욕구와 저급한 욕망으로 영혼을 끌어내릴 따름이다.

사랑이라는 자연의 권리

그러나 결혼을 비롯해 각기 다른 사회적 태도와 풍습에 따라 다양한 환경에서 이루어지는 이성 간의 적절하고 타당한 결합은 적절히 자리 잡게 될 경우 최대의 지복으로 이어진다. 수도원의 금욕과 고립이 이성 간에 너무도 자연스럽게 일어나는 열정에 미치는 해로운 영향은 불가피한 듯하다. 이는 특히 이러한 종교적 도피처의 설립자들이 얼마나 터무니없이 그곳을 지키고자 빈번히 애썼는지를 떠올려 보면 더욱 그러하다. 선을 그 반대의 악과 구분하는 경계는 그 범위가 너무도 좁아 두 영역이 밀

접하게 맞닿아 있는 까닭에 어느 한쪽의 경계에 도달하려 하는 순간 우리는 이미 어느 정도 다른 쪽에 들어서게 된다. 따라서 금지된 쾌락에 대한 잦은 명상을 통해서도 불순한 생각을 마음에서 전혀 몰아내지 못한다면 얼마나 어처구니없는 일인가.

이집트의 수도원들은 이러한 규정들을 명상 중에 지속적으로 떠올리도록 명했다. 우선 그 구성원들은 사랑에 대한 생각으로 마음이 동요되지 않아야 했다. 더불어 공상 속에서라도 결코 관능적인 형상을 떠올리지 말아야 했고, 가장 아름답고 빛나는 매력을 품은 여성미를 통해 조금의 감흥도 느끼면 안 되었다. 그들은 자는 동안에도 그처럼 불순한 감정으로 더럽혀지지 않도록 줄곧 주의를 기울여야 했다. 이 고립된 자들의 순결은 때때로 시험대에 올랐다. 그러나 그처럼 부조리한 규율이 낳은 결과는 본래 의도한 것과는 정반대였다. 상상은 타락하고 그 의향은 너무도 부패했기에 보다 계몽된 시대의 선례나 수칙도 그들의 태도를 바로잡거나 부정한 마음에서 비롯된 음모로부터 그들을 되살려내지 못했던 것이다.

루피누스Ruffinus를 비롯한 여러 작가들은 수많은 끔찍한 사례들을 글로 남겼다. 즉 그들은 금욕적이고 고립된 생활을 하는 모든 이들 가운데 만연한 감각과 이성, 섬세함과 고상함, 미덕과 참된 신성함의 왜곡을 기록했다. 또한 결혼이 종교적 의무와 양립할 수 없음에 따라 서로 다른 성을 분리시켜 보다 경건하고 방해받지 않는 상태에서 종교적 명령에 따를 수 있도록 했다고 전해진다. 일부 교부들은 여성의 독신 생활이야말로 불결하고 사악한 세상을 순결하고 경건하게 살아가도록 하는 수단이자 지옥으로 떨어지는 영혼을 천계로 되돌릴 수 있는 방편이라 여겼다. 그들은 결혼이라는 성스럽고 행복한 결합을 불순한 욕망의 탐닉을 가리는 망토라고 간주하고 그 혐오스러운 제도를 반대했다.

뛰어난 연설가로 신앙이 깊었던 크리소스토무스 Chrysostom조차 다음과 같이 말한 바 있다.

"결혼이라는 제도는 종족 번식과 성적 감정의 충족이라는 두 가지 목표를 지향한다. 하지만 지구상의 인구는 이미 충분하기에 첫 번째 목표는 더 이상 염두에 두지 않아도 된다. 또한 성적 감정에 탐닉하며 얄팍한 속임수를 이용하는 대신 금욕과 기도로 그 감정을 이겨내는 것이

남녀의 의무일 것이다." 그는 금욕 상태에서 인간의 정신은 끊임없는 전쟁을 치러야 하며 그 능력은 줄곧 동요한다는 점을 인정하지만, 동시에 고통받는 자가 이겨내는 난관만큼 신앙도 커진다고 주장한다.

교회 측의 부단한 권고와 설득으로 미루어 짐작해 볼 때 교황 역시 여성의 순결을 매우 진지하게 간주하며, 정조야말로 여성의 가장 빛나는 보석이자 적절한 장신구라 여기는 듯하다. 그러나 이러한 종교적 스승들은 그들의 맹목적 신앙 때문에 본질을 파악하지 못한다. 그들은 위대한 창조주가 우리의 가슴에 사랑과 열정을 심은 까닭 역시 진지하고 이성적으로 그러한 감정을 누림으로써 행복을 증진하고 창조의 목적에 부합하기 위함이 아닌, 오로지 날뛰는 감정을 억제할 수 있는지 시험하기 위해서라는 그릇된 생각을 품는다.

그러나 자연의 권리를 두고 왈가왈부할 순 없는 법이다. 이처럼 불합리한 교리는 유럽 전역의 수도원에 사적인 교류를 유입시켰고, 이는 도덕적·종교적 이익에 반하는 나쁜 선례로 남았다. 아르장퇴유 수녀원의 수녀들이 엘로이사를 그들의 수녀원장으로 선출한 것은 아마도 그들이 과거 그녀의 약점을 떠올린 동시에 현재 그녀를 사로잡은 열정에 대해 잘 알고 있었기 때문이었을 것이다. 그러니까 그들은 자신들의 모의를 북돋워줄 요량이 아니라면 아예 그것을 방해하지 않을 인물을 수녀원장으로 두고자 했던 것이다. 실제로 엘로이사가 그 수녀원을 맡고 있는 동안 수녀들의 행동거지가 너무도 부도덕했던 나머지 성 데니스의 수도원장 수제르Sugger는 교황 호노리우스에게 그들의 변칙을 하소연했고, 그 결과 그곳의 수도원장 자리를 차지하게 되었다. 그는 태만한 수녀원장과 모의에 가담한 수녀들을 즉시 추방하고 자신의 수도회에 속한 수도원을 그 자리에 세웠다. 물론 이 사회에 만연한 방탕함을 감안한다면 엘로이사의 미덕과 진실성에 대해서도 강한 의혹을 제기할 수 있을 것이다. 그러나 이 문제와 관련해 성 데니스의 수도원장이 로마 법정에 제출한 고소장에는 분명 그녀의 이름이 올라 있지 않았다. 이러한 변칙들이 그녀가 알아차리지 못하도록 면밀히 은폐된 데는 그럴 만한 충분한 이유가 있었다.

사실 이 아름다운 희생자에게 베일이 주어졌을 때 그

녀의 젊음을 애석해하고 그 아름다움에 감탄한 몇몇은 그 베일을 씀과 동시에 그녀가 고통 속에 스스로를 희생하게 될 것임을 알렸다. 하지만 그녀는 폼페이우스Pompey가 사망한 후 코르넬리아Cornelia가 남긴 말을 인용해 이렇게 외쳤다.

> 아, 그대여! 우리의 돌이킬 수 없는 혼인으로 인해
> 그대는 이 같은 불운을 맞이하게 되었네.
> 나는 그 유죄의 원인이니
> 그대가 극한의 운명을 헤치고 나아갈 때
> 내 그 운명을 함께하며 내 사랑을 속죄하리!

이후 그녀는 그토록 고매한 취향에 걸맞은 즐거움을 누릴 수 있었음에도 그러한 여인으로선 보기 드문 지조를 고수하며 그 치명적인 베일을 받아들였다. 따라서 그녀가 수녀원에서 불명예스럽게 추방당한 데서 비롯된 고통이 극심했음을 쉽게 짐작할 수 있다.

그녀는 아벨라르에게 요청하여 세속적인 나약함과 열정을 멀리하며 평생토록 지낼 도피처를 구하고자 했다.

아벨라르는 트루아Troyes의 주교에게 허락을 얻어 파라클레트Paraclete 예배당과 부속기관 및 그에 딸린 집을 그녀에게 내주었고, 몇몇 수녀들과 그곳에 정착한 엘로이사는 수녀원의 여성 창립자가 되었다. 그녀는 이 수녀원에서 생을 마감할 때까지 수녀원장직을 맡았다. 아르장퇴유의 부도덕한 수녀들 사이에서 그녀가 어떠한 역할을 맡았든 엘로이사는 새로 얻은 이 마지막 도피처에서 지극히 규칙적인 삶을 살았다. 그녀의 신중함과 열의, 신앙심이 지극히 모범적이었던 까닭에 과거의 결함 따윈 모두 잊히고 주변인들은 모두 그녀를 존경해 마지않았다. 게다가 온갖 기부를 통해 수녀원이 단시간에 풍족해짐에 따라 그녀는 누구보다 용서와 기독교적 관용의 미덕을 잘 구축한 인물로 칭송받았다. 해당 교구의 주교는 그녀를 딸처럼 대했고, 주변의 수도원장들은 자매를 대하듯 그녀에게 다정한 관심을 기울였다. 더불어 고통받고 빈곤한 자들은 그녀를 어머니처럼 우러러보았다.

하지만 그녀의 배려와 미덕은 다시금 찾아드는 나약한 마음으로부터 그녀를 지켜내지 못했다. 그녀는 이렇게 말한다. "불편한 마음은 고독을 견딜 수 없다. 마음속 불안과 걱정이 고요함 속에서 커져가고 은둔의 시간을 통해 고조되는 까닭이다. 이곳에 갇힌 나는 그저 내 불운을 두고 흐느낄 따름이다. 이 수도원엔 내 울음이 울려 퍼지고 영원히 노예로 전락한 가엾은 이처럼 나의 나날은 슬픔과 한숨으로 흐른다."

성 베네딕트의 지혜를 통해 수도원에서 은둔하는 이들에게 부여된 유용한 규정은 얼마 지나지 않아 도외시되었다. 사치와 불경이 금욕과 기도의 뒤를 이었다. 재산 가치가 상승하면서 여러 수도원의 수익은 너무도 불어났고, 그 자금은 창립자들이 명한 의무를 면제받는 데 쓰였다. 빈곤한 평신도가 입회하면서 기존의 수도자들은 영지를 경작하는 노동에서 벗어났고, 그렇게 나태하고 게으른 체계가 자리 잡게 되었다. 그들의 기나긴 단식과 형편없는 식단은 잦은 연회와 호화로운 음식으로 바뀌었고, 게으른 자부심이 근면한 겸손을 대신했다. 그들은 본래의 경건함과 미덕을 완전히 잃고 만 것이었다. 아벨라르와 10세기의 몇몇 수도원장들은 고대의 규율을 회복시키려 애썼지만, 동시대인들의 보복적 악의로 비난받고 박해받았다. 아벨라르를 보호하고자 한 브르타뉴Brittany의 공작은 그가 존경과 호평을 받아 마땅한 자질을 발휘했음에도 그를 겨냥한 분노가 만연하자 아벨라르에게 성 길다스 수녀원을 맡김으로써 그곳을 피난처로 삼게 했다. 이 수도원은 그 규칙성과 훌륭한 체계가 상대적으로 돋보인 곳이기에 그는 그곳에서 고통에 대한 안식을 찾고 슬픔을 위로받길 희망했다.

하지만 아벨라르는 그곳에서 지혜와 경건함, 평온함을 찾는 대신 수녀원 구석구석에 만연한 더없는 방탕함과 방종을 목격하기에 이른다. 무질서한 구성원들을 바로잡고자 한 그의 온건하고 이성적인 시도는 기대만큼의 효과를 불러일으키지 못했고, 오히려 그들의 분노와 적의를 자아낼 따름이었다. 그를 직위에서 끌어내리려는 자신들의 음모와 중상모략이 좌절되자 이들은 식사 때 몇 번이고 음식에 독을 넣으려 시도했다. 그러다 마침내 차마 입에 올리기도 끔찍하지만, 독이 든 성배를 입으로 가져간 아벨라르는 기적적으로 그것을 삼키지 않았다. 이처럼 거칠고 사나운 공동체에서 아벨라르가 처한 상황을 기술한 그의 글을 읽다 보면 부조리한 고독이 태도를 변화시키고 마음의 타락을 불러일으키는 양상에 몸서리치지 않을 수 없다. 그는 필린투스Philintus에게 보낸 서신을 통해 이렇게 말한다.

 "나는 그 언어도 알지 못하는 야만적인 나라에서 살아가고 있소. 이 무례한 자들과는 말도 섞지 않지요. 난 끊임없이 풍랑이 몰아쳐 감히 다가설 수 없는 바닷가를 걷는 꼴이오. 이곳의 수도자들은 방탕하기만 할 뿐, 규칙이나 질서 따윈 안중에도 없소. 아! 필린투스여. 그대가 이곳을 보았다면 수녀원이 아니라 도살장이라고 여겼을 것이오. 출입문과 복도에는 다른 장식이라곤 일절 없고, 야생 멧돼지 머리와 사슴 뿔, 여우의 발, 각종 동물들의 가죽이 못 박혀 있다네. 그리고 천장엔 사냥터에서 희생된 동물들의 가죽이 걸려 있지. 이곳엔 수도자들을 깨울 벨조차 없어서 그들은 개 짖는 소리와 까마귀 소리를 듣고서 졸음을 떨친다네. 그들의 나태나 무기력함을 동요하게 만드는 건 사냥터에서 갑작스레 들려오는 소리뿐이며, 그들이 선택할 수 있는 것이라곤 오로지 폭동과 휴식뿐이지.

 그러나 그들의 잘못이 거기서 그친다면 하늘에 감사할 일이오. 나는 그들에게 자신들의 의무를 일깨워주려 헛된 노력을 기울였소. 그들은 한데 뭉쳐 내게 대적한다오. 난 끊임없이 고통과 위험에 시달릴 뿐이라오. 매순간 시퍼렇게 날이 선 칼이 내 머리 위에 매달려 있는 것만 같으니 말이오. 이따금 그들은 나를 에워싸고는 비열하게 모욕하곤 하지. 그러고 나면 그들이 나를 내버려 두고 떠났을 때조차 난 끔찍이도 고통스러운 생각에 사로잡히곤 하오."

 이 같은 사례만 보더라도 고독이 인간의 마음을 놀라울 정도로 지배한다는 점을 충분히 알 수 있다. 따라서 대단한 지각으로 다루지 않으면 고독은 온갖 피해를 낳기도 한다. 바삐 돌아가는 세상에서 줄곧 벌어지는 행동들에 대해 무수한 심적 동기가 있는 건 아니다. 흥미가 일고 몰두할 수 있는 무언가를 추구하겠다는 바람이야말로 불규칙하고 무질서한 열정을 불러일으키는 원천인 것이다. 게으른 자들의 마음은 늘 쉬지 못하며, 결코 편안해지지 않는다. 그들은 줄곧 초조해하며 그 열정은 부당하고 지나친 일을 하도록 부추김 당한다.

고립된 군중의 위험성

나태함은 사회생활이라는 범위 안에서조차 극심한 정신적 고통을 야기하며 개인의 휴식을 허물 뿐 아니라 종종 국가의 안전을 위태롭게 하기도 한다.

이집트 수도사로 캣Cat이라 불리기도 한 티모테우스Timotheus는 유티키우스 논쟁 직후인 457년 주교 감독과 총대주교직을 맡으려는 야심을 품었다. 당시 수도원에서 고독한 삶을 살아가던 수도자들 사이에선 성마른 불안이 만연했고, 그에게 이러한 현상은 자신의 계획을 실행시킬 도구로 비쳤다. 인간의 특성을 깊이 파악한 그는 불안하고 만족스럽지 못한 나태함에 오래 머문 자들이 행동에 돌입할 때의 열정은 그들의 삶이 게을렀던 만큼이나 떠들썩하게 요동칠 것임을 알고 있었다. 더불어 그 성향은 그들의 바람을 이루는 쪽으로 쉽게 기울 터였다.

자신이 목표한 바를 보다 효과적으로 이루고자 한 티모테우스는 새하얀 옷을 걸치고 한밤중에 가만히 수도사들의 거처로 접근했다. 그러고는 관에 입을 대고 수도사들의 이름을 불러 젖히기 시작했다. 그렇게 그는 자신의 음성을 감추며 더 큰소리를 낼 수 있었다. 잠에서 깬 이들은 미신을 믿었기에 그 소리가 마치 하늘에서 들려오는 음성인 것만 같았다. 영리하고 수완 있는 티모테우스는 그 순간을 놓치지 않고 자신을 하늘의 사자라 자처했다. 그러고는 하느님의 이름으로 수도사들을 한데 모아 명하길 네스토리우스의 이단자 프로테루스Proterus를 폐하고 능력을 갖춘 데다 정통파인 티모테우스를 주교 감독으로 임명할 방안을 논의하도록 했다.

 이 같은 종교적 반란의 실행을 위해 자신들이 선택되었다는 생각은 고립되고 게으른 광신도들의 잠재력을 한껏 일깨웠다. 마침내 그들은 성스러운 신호에 요란하게 들고 일어나 티모테우스를 하늘에서 점지한 총대주교로 선언하고는 눈앞의 기회를 거절하지 말 것을 그에게 요청했다. 성공에 대한 기대로 한껏 달아오른 열정을 품은 그들은 이 협잡꾼의 깃발을 앞세운 채 알렉산드리아

Alexandria로 향했다. 그곳에서 그들은 다른 수도원의 구성원들에게 같은 망상을 불어넣었고 급기야 이집트 전역에서 가장 격렬하고 무시무시한 소동을 일으켰다. 종교적 광란에 사로잡힌 대중마저 거대한 수도자들의 무리에 가담했다. 이 필사적인 무리의 도움으로 티모테우스는 알렉산드리아의 주교회로 향했고, 그곳에서는 폐위된 주교들이 그를 맞이했다. 그렇게 그는 이집트 전체의 대주교로 임명되기에 이르렀다.

이 갑작스러운 난입에 놀란 프로테우스는 자신의 신분에 걸맞은 겸손함을 잊은 채 나태한 무리와 더불어 주권을 침해한 불경하고 뻔뻔한 무명의 수도자들을 향해 비난을 퍼부었다. 그러나 이러한 부류의 사람들이 일단 행동에 돌입하면 발동되는 격분에 대해 잘 알고 있었던 그는 방대한 군중이 가담했다는 소식을 접한 후 궁을 떠나 신성한 피난처인 성 퀴리누스 교회에 은신하는 편이 현명할 거라 판단하기에 이른다. 이전까지 이교도와 이방인들은 이 존경스러운 성소를 우러러보았으나, 일이 벌어지자 이곳에서 고령의 도망자는 보호될 수 없었다.

신성한 협잡꾼의 맹렬한 무리는 저항하기 힘든 격렬함으로 이 성스러운 건물 벽을 뚫고 들어와 단검을 쥔 채 무고한 교황의 피를 들이켰다. 죄 지은 자라면 그 자리에서 얼어붙을 만한 광경이 아닐 수 없었다. 프로테루스의 주변인과 수많은 벗들, 특히 높은 명망과 학식, 신앙심을 지닌 6인의 성직자들은 불운한 스승의 운명을 함께하고자 했고, 끔찍한 대학살이 휩쓸고 지나간 후 난도질당한 그의 시신 주변에서 서로를 끌어안은 채 사망한 상태로 발견되었다.

살해범들은 자신들이 끔찍하고 모욕적으로 파괴한 목숨의 순수성을 비방해야만 했다. 그리하여 그들은 덕망 높은 이 총대주교의 시체를 가장 공개적인 장소로 끌고 가 그의 행실을 불명예스럽게 와전시켰다. 그러고는 그 시체를 높은 십자가에 매달아 현혹된 대중들이 심하게 모욕하도록 했다. 이 비겁한 잔학 행위를 마무리할 요량으로 그들은 찢기고 난도질당한 이 훌륭한 성직자의 유해를 불태운 다음 가장 무례하고 모욕적인 욕설을 퍼부으며 재를 허공에 뿌렸다. 그들은 지독한 저주를 내뱉었고 그와 같은 악인은 무덤이나 벗들의 눈물조차 누릴 자격이 없다고 일렀다.

실제로 무기력한 수도원을 뒤로하고 깨어난 동방의 수도자들은 너무도 맹렬하고 대담했기에 그리스 황제의 병사들조차 그들과 전장에서 마주치지 않도록 피해 다닐 지경이었다. 또 그들을 자극한 분노는 너무도 맹목적이었기에 수도원 제도를 열성적으로 옹호한 성 크리소스토무스Chrysostom마저 그들이 다가온다는 생각에 몸을 떨 정도였다. 이 저명한 교부敎父는 안티오크Antioch의 명문가에서 344년에 출생했으며, 그 미덕과 능변으로 가문의 명성에 빛을 더했다. 당대 최고의 수사학자 리바누스Libanus 밑에서 학업을 훌륭히 마친 크리소스토무스는 법학에 전념했다. 하지만 그의 마음속 깊이 자리한 종교로 말미암아 모든 세속적 관심사를 멀리하고 도시 인근의 산속으로 들어가 고독에 잠긴다. 그곳의 삭막한 동굴에 자리한 그는 오롯이 2년 동안 참회와 기도에 몰두했다. 하지만 건강이 나빠지자 안티오크로 돌아오는 수밖에 없었다. 그는 성경의 가르침을 전하기 시작했고 얼마 지나지 않아 여러 제자들이 그를 따랐다. 이 뛰어난 목자의 삶은 그를 따르는 무리의 귀감이 되었다. 그는 양들의 우리를 서성이는 늑대를 몰아내려 했고, 스키타이까지 선교사를 파견해 그곳의 주민들을 기독교로 개종시키고자 했다.

이러한 전도와 다양한 자선 사업을 위해서는 막대한 수익이나 견고한 경제적 기틀이 필요했다. 경건한 대주교는 사람들의 곤란함을 덜어주고자 극도로 빈곤한 삶도 기꺼이 받아들였다. 덕이 높은 주교의 이 같은 인품과 행동은 곧 사람들의 마음을 얻었고, 크리소스토무스는 당시 콘스탄티노플에 만연한 권한의 남용을 개선하고자 진심으로 애썼다. 그러나 귀족들의 자만과 사치, 탐욕을 규탄한 그의 엄격함과 열의, 성직자들의 악덕과 직권 남용을 개혁하고자 했던 그의 열정, 이단자들을 개종시키고자 했던 그의 간절함은 수많은 적을 낳았다. 그리하여 아르카디우스 황제가 총애한 유트로피우스와 폭군 가이나스, 오리겐네스 주의자들을 후원한 알렉산드리아의 테오필루스, 그리고 그가 콘스탄티노플에서 추방시킨 아리우스파派 제자들이 그를 두고 음모를 계획했다.

이윽고 그들이 충분히 앙갚음할 기회가 도래했다. 대담한 전도사 크리소스토무스는 에우독시아Eudoxia 여제의 궁정에 만연한 특유의 악행을 규탄하는 한편, 여제의 비행이 대중의 비난을 사기에 충분하다고 확신하고는 기회가 올 때마다 여제를 혐오의 대상이 되도록 만들었다. 하지만 궁정의 분노는 열성적인 대주교에게 혹독한 훈련을 받은 콘스탄티노플의 성직자와 수도자들의 불만을 부추겼다. 크리소스토무스는 교회 연단에서 콘스탄티노플 성직자들의 가정 내 여성들을 비난했다. 이는 그들이 하녀나 수녀라는 이름하에 죄나 추문의 지속적 원인을 제공한다는 이유에서였다. 세상과 고립된 조용하고 고독한 고행자들은 크리소스토무스의 열렬한 인정을 받았으나, 그는 쾌락이나 이익이라는 무가치한 동기를 바탕으로 종종 거리를 메운 타락한 수도자 무리를 경멸하고 비난함으로써 그들의 신성한 직무를 욕되게 했다.

결국 대주교는 설득의 목소리를 내는 대신 권위에 대한 가르침을 적용하기로 했다. 그는 아시아의 여러 지방을 시찰하는 과정에서 리디아와 프리지아의 주교 13명을 폐하고, 성직 매매와 부도덕함에서 비롯된 뿌리 깊은 부패가 전체 교회에 침투했음을 표명했다. 이 과정에서 빼어난 크리소스토무스는 동방 교회의 지나친 폭군으로 의

도적으로 그려지기에 이른다. 이러한 교회 내 모의는 알렉산드리아의 대주교가 꾸민 것으로 그는 에우독시아 여제의 초청을 받아 건장한 이집트 선원들과 함께 콘스탄티노플에 상륙해 대중들과 맞서는 한편 믿을 만한 주교들을 동원해 공의회에서 다수의 의석을 확보했다. 공의회는 칼케돈의 교외에서 소집되었으며 오크Oak라 명명되었다. 이 회의에서 크리소스토무스는 여제에 대한 반역죄로 비난받은 후 난폭하게 체포되어 추방당했으나, 단 이틀 만에 소환되었다. 하지만 그가 위법 행위를 반복함에 따라 또다시 추방되었고, 소 아르메니아의 토로스 산맥에 자리한 외지고 황량한 쿠쿠수스Cucusus 마을로 보내졌다. 그곳으로 이동하던 중 케사레아Cesarea에 이른 그는 병에 걸렸고, 결국 자리에 눕고 말았다.

오랫동안 남몰래 그에게 적대감을 품었던 케사레아의 주교는 그가 처한 불운하고 곤란한 상황에 조금도 동요되지 않은 채 주변 수도원의 나태한 수도자들을 선동해 그에게 보복하도록 했다. 그들이 각자의 수도실에서 발산해 낸 분노는 실로 놀라웠다. 그들은 자신들을 불타오르게 한 분노의 손길이 닿자 즉시 타올라 폭발해 버렸다.

그들은 달아오른 적대감을 죽어가는 크리소스토무스에게 겨냥했으며, 그가 즉시 그곳을 떠나지 않는다면 집을 불태워 그 자리에 묻을 것이라고 했다. 결국 이 덕망 높은 성직자를 보호하기 위해 소집된 수비대의 병사들은 현장에 도착해 격분한 수도자들에게 공손한 태도를 취하며 잠자코 그곳을 떠나도록 요청했다. 하지만 그들은 병사들을 경멸하고 반항했다. 크리소스토무스는 인도적인 해법으로 이 소동을 가라앉혀야 한다고 생각했다. 자신 때문에 동족이 피를 흘리느니 차라리 거의 죽어가는 상태로 들것에 실려 도시를 떠나면서까지 자신을 겨냥한 분노를 피하고자 한 것이다.

이러한 사실에 비쳐볼 때 수도원이라는 제도하에서, 특히 기독교가 전파된 동방의 초기 기독교 시대에 만연한 불합리한 고독은 그 숭배자들의 마음을 온화하고 만족스러우며 인도적인 감정으로 채우는 대신 극단적 감정과 더불어 몰인정하고 신랄한 열정으로 메웠으며, 그들로 하여금 가장 위험하고 파괴적인 악을 가슴에 품도록 했음에 분명하다. 고매한 작가와 인간과 풍습을 연구하는 통찰력 있는 관찰자에 따르면 수도원이라는 제도는 불가피하게 사람의 마음을 위축시키고 속박한다. 더불어 시민들의 이해관계와 부합하지 않는 수도회에 대한 수도자의 부분적 집착과 상급자의 견해에 대한 절대적 복종, 지루하고 시시한 수도원 내 직무의 잦은 반복으로 수도자의 능력이 저하되면서 살아가고 행동하는 데 있어 무엇이 적절한지 공정히 생각하고 느낄 수 있는 감정과 정신, 거기에서 비롯된 관용마저 소멸되고 만다.

베네치아의 파울로Paul of Venice는 수도원에서 교육받았으나 편견을 뛰어넘은 유일한 인물로 인간사를 연구했으며, 철학자다운 확장적 사고와 온갖 업무에 정통한 안목, 신사다운 관대함을 바탕으로 사회적 이해관계를 판단했다. 이 계층에 속한 이들이 부패하긴 했으나, 새로이 발견된 지역 중 절반 이상의 왕자와 통치자들은 그들의 기도와 미사를 통해 구원을 바랐으며, 그들의 중재를 통해 선과 진리의 원천에서 샘솟는 은총을 기대했다. 그러나 이처럼 교활하고 모의하기 좋아하는 성직자들이 동시대의 나약하고 죄지은 자들의 마음에 불러일으킨 두려움은 그리스도 복음을 바탕으로 한 화해와 위로의 교리를 통해 잦아들지 못했다. 대신 그러한 두려움은 그들의 야비한 탐욕을 채울 목적으로 이용되었으며, 악행을 누리고 권력을 증진시키는 데 활용되었다.

이 성직자들은 영원한 지복을 얻는 가장 확실한 열쇠란 바로 자신들에게 넘쳐나는 부를 안기고 특권을 부여하는 일이라는 생각을 퍼뜨렸다. 또 대중의 번영과 안녕을 희생해 가며 악의적 쾌락과 변덕스러운 악행을 충족시키고자 한 거만한 귀족이나 횡포한 군주는 이처럼 야심 차고 탐욕스러운 수도자들에게 뇌물을 바침으로써 자신들이 저지른 심각한 죄악을 사면받아 분노한 신과 화해하려 했다.

따라서 그들의 전반적 역사를 통해 드러나는 어두운 진실이란 바로 인간성을 욕되게 하는 최악의 열정으로 그들의 마음이 타락했으며, 수녀원의 규율에는 단 한 가지 장점도 없었다는 점이다. 실제로 열광적인 이들은 그 정서와 감정이 자연의 법칙과 줄곧 충돌하며, 기분 좋은 공감과 애정 어린 말, 다정한 관계, 이성적 즐거움 등을 죄다 포기한 채 타인의 이익이나 행복과 관련해 어떠한 열망도 품지 않고, 타인의 슬픔을 두고 최소한의 측은함도 느끼지 못한다. 탐욕스럽고 이기적인 일을 좇느라 분주한 그들은 활기찬 사회적 즐거움을 증오하고 경멸해 마지않는다. 아! 사회적 기쁨에 대한 감각을 잃어 가정에서 비롯된 다정한 사랑의 유쾌한 매력을 알지 못할 때, 세상사에 대한 애착을 애써 떨쳐내어 어떠한 감정이나 사회적 성향으로도 공허한 마음을 채울 수 없을 때, 인간으로서 동족을 멀리하고 그 영혼을 창조주와 함께하지 않을 때, 우리는 스스로 행복해지고 타인과 행복을 나눌 수 있는 모든 힘을 잃게 된다.

…

그리스도 복음의 순수한 정신은 온유함과 자비, 친절, 형제애에 기초한 성스러운 종교를 전파한다. 그러나 규칙적이며 불합리한 고독과 결합된 광신주의는 앞서 언급한 지독하고 유해한 결실을 도출할 따름이다. 오래도록 인류의 이성과 도덕률을 흐리게 하고 욕망과 잔혹함의 먹구름으로 복음주의 진리의 빛을 가린 하찮고 불만에 가득 찬 편협한 미신은 불합리한 고독이 낳은 슬픈 결과다. 자연이 선사한 최고의 호의는 왜곡되거나 은폐되었으며, 인간이 행한 관대한 일들은 죄다 무시되었다. 또 천사와 같은 신앙의 음성은 아예 들리지 않거나 격렬한 증오의 외침과 박해의 울부짖음으로 치부되었다. 정통파를 가장한 무리의 요란한 울림은 지독한 적의를 품은 채 연안을 따라 울려 퍼졌다. 이 땅은 수도자들이 도처에서 지어낸 터무니없이 공허한 신조를 감히 부인하거나 의심하는 자들의 피로 뒤덮였다. 그들의 지독한 만행은 극심한 이단이야말로 참된 믿음을 보존하는 유일한 길이라는 관념을 전파함으로써 정당화를 꾀했다. 아! 인간의 어리석음이란 얼마나 맹목적이란 말인가! 자만에 물든 마음은 또 얼마나 냉혹한가! 울음으로 사회적 유대가 무너져 내리고 본성이 소멸되며 인류애와 사랑 대신 잔혹함과 공포가 자리하는 데다 격렬한 분노와 끝없는 증오가 난무한다면 그것이 어찌 참된 믿음이라 할 수 있을까?

그러나 이제 우리는 광신주의와 야망으로 더럽혀진 얼룩이 학식 있고 진실로 경건한 자들을 통해 정화된 성스러운 신전이 그 신성한 소박함을 되찾을 때가 머지않았다는 희망을 품어도 될 것이다. 더불어 온화함과 사랑, 선에서 비롯된 평화, 선량함의 음성만이 그 신전의 벽을 통해 들려올 것이다. 그때서야 모든 기독교인은 삶을 유익하고 행복하게 보낼 수 있는 유일한 방법을 제대로 터득하게 될 것이며, 가톨릭과 루터교, 칼뱅파, 신교를 비롯한 모든 계층의 종교인들이 박애와 세계 평화를 실천하며 단결할 것이다. 엄격함과 음울함, 실망스러운 의무는 없을 것이며, 불합리한 고행과 비정상적인 금욕이 강요되지도 않을 것이다. 참기 힘든 가혹함이 가해지거나 비사회적 기관이 설립되는 일도 없을 것이며, 고독한 이기심에서 비롯된 의식 역시 요구되지 않을 것이다.

반면 신성한 완성의 경지에 이른 이성과 종교는 그 힘을 되찾을 것이며, 꾸밈없고 진실한 신앙이 모두의 마음에 자리하게 될 터다. 우리는 영과 진리로 전능하신 하느님을 경배할 것이며, '쉴 줄 모르는 사악한 자들은 성난 바다와 같지만, 정의는 평온하며 정의로운 행위에서 비롯된 결과는 고요하면서도 확신을 준다'는 점을 깨닫게 될 것이다. 이러한 결과를 이끌어 내려면 때때로 소란스러운 세상을 등지고 물러나 이성적 은둔에 잠길 필요가 있다. 그리하여 자신의 마음과 교감하고 고요한 상태에 머물며 어지러운 삶의 소용돌이에서 벗어나 고귀한 영혼과 교제해야 할 때에 대비해 그에 걸맞은 사고를 하도록 마음의 태세를 갖춰야 하는 것이다.

> 아! 사람들이 공정한 진리를 지침으로 삼고
> 편견과 오만에서 벗어나
> 하느님은 벗이요, 미덕은 선이요,
> 행복은 궁극의 목표임을 공고히 한다면
> 이성이 세속을 이기고
> 오류와 사기, 미신이 패할 날은
> 얼마나 조속히 도래할 것인가!
> 그때부터는 누구도 근거 없는 두려움을 앞세워
> 전능하신 하느님을
> 무자비하고 가혹하다 하지 않을 것이며
> 아무런 뜻도 없이 사람들의 운명을
> 천국과 지옥으로 나누지 않을 것이다.
> 또 덧없는 죄악을 두고 끝없는 고통을 가하거나

종파나 국가, 사람이나 시대를 기준으로
편애하는 일도 없을 것이다.
그를 기쁘게 할 요량으로
음식이나 휴식, 옷 속의 가려움을
어리석게도 참을 자 없을 것이며,
이성에 반하거나 이성이 도달할 수 없는 것을
믿거나 가르칠 만하다 여기는 자 또한 없을 것이다.
그릇된 신앙을 위해 맹렬한 열성을 보이는 자, 혹은
특정한 교리에 대해 악의를 품는 자,
구원이 한 가지 종파에만 국한되며
천국은 인간을 품기에 너무 비좁다 여기는 자 역시
없을 것이다.
잔혹한 분노가 우리의 평화를 불안정하게 하지
않을 것이며,
시기와 증오, 전쟁, 불화는 죄다 멈출 것이다.
우리 자신의 선과 더불어
타인의 선 또한 매 순간 행해지며
모든 것이 보편적 기쁨에 겨워 미소 짓게 될 것이니,
공정한 미덕이 순수한 종교와 더불어

인간의 마음을 조절하고 축복함에 따라
인간은 창조주께서 처음 빚으신 모습을
갖추게 될 것이다.

VII
고독이 빚어낸 나태함의 위험

SOLITUDE

나태함은 그야말로 모든 악의 근원이라 할 수 있다. 고독은 분명 그것을 추종하는 사람들이 나태함이라는 치명적 성향을 띠도록 부추긴다. 무릇 자연이 인간을 빚어낼 때는 적절히 열정을 품고 상상력을 가동시키며 능력이 발휘될 때 행복을 느끼도록 특징지었다. 그러나 세상을 멀리한 은둔의 공허한 공간과 지루하게만 흘러가는 시간 속에서 이러한 일이 벌어지는 경우는 드물다. 자신만의 오락거리를 마련하는 위대하고도 유쾌한 기술을 습득해 둔 이가 아니라면 말이다. 그 기술은 동굴과 수도실처럼 불합리한 고독 안에서라면 결코 터득할 수 없는 것이다.

나태함을 경계하는 이들

고독을 통해 유발되기 쉬운 나태함은 타고난 마음의 힘과 활기, 정신이 강할수록 더 위험해진다. 가장 고귀한 인물이라 할지라도 여유로움에 수반되는 불안 때문에 종종 더없이 잔혹하고 극악무도한 짓을 저지르기 때문이다. 고대 입법자들은 고독한 환경에서든 사회적 환경에서든 나태야말로 시민들의 소요를 양산시키며 부도덕한 행위를 부추기는 주요 원인임을 너무도 잘 알고 있었기에 게으름을 방지할 법안을 지혜롭게 고안해 냈다. 솔론 Solon은 아티카Attica 주민들이 누리는 크나큰 안정성 때문에 도처에서 사람들이 몰려드는데도 나라가 빈곤하고 척박하다는 점을 주시했다. 또한 그는 해상 무역업자들이 교환할 물품이 없는 곳으로 물자를 실어 나르지 않는다는 점을 알아차리고는 시민들의 관심을 제조업으로 돌리고자 했다.

결국 솔론은 이를 위해 법을 제정했다. 즉 나태함 때문에 세 번 유죄 판결을 받은 이는 파렴치한 자로 간주되어, 그가 자식에게 상업을 가르치지 않았다면 그 자식은 아비를 부양하지 않아도 되었다. 더불어 상업은 명예로운 일로 간주되어야 했다. 또 최고 재판소 심의회는 모든 국민의 생계 수단을 조사해 게으른 자들을 심하게 처벌했다. 드라콘Draco은 인간이 자연적으로 이끌리는 데다 그 성향과 태도에 대한 파괴력이 어마어마한 악의 만연을 방지해야 한다고 여긴 끝에 나태함을 죽음으로 벌했다. 폭군 페이시스트라토스Pisistratus는 테오프라스토스Theophrastus가 언급한 바와 같이 신하들의 나태함을 방지하는 것이 중요하다고 여겨 이를 위한 법을 제정했고, 그 결과 국가는 근면해지고 도시에는 평온함이 찾아들었다.

페리클레스Pericles는 미덕을 실천하지도, 근면함으로 죄를 멀리하지도 않는 나태한 시민들로부터 아테네를 구하고자 케르소네소스와 낙소스, 안드로스, 트라키아, 이탈리아에 이르기까지 식민지를 구축해 사람들을 그곳으로 보냈다. 이 현명한 정치인은 커져만 가는 나태라는 죄악에 대한 탐닉이 얼마나 위험한지 알고 있었기에 이를 방지할 대책을 지혜롭게 강구한 것이었다. 실제로 사치에서 비롯된 인위적 욕망만큼이나 한 나라의 평온함과 주민들의 평화로운 태도를 위협하는 건 없다. 유행하는 물품에 대한 수요가 생기면 자연히 여러 제조자와 기능공들의 관심을 끌게 되어 그들의 손이 움직이게 되는 것이다. 만일 그들이 일거리를 구하지 못하고 불안한 가운데 나태한 상태로 방치된다면 스스로 불행할 뿐 아니라 타인의 마음에도 해를 가할 것이 분명했다.

영국 내 여러 기계 산업과 제조업 분야에 종사하는 방대한 인구가 단 일주일만 일을 중단하더라도 번영을 이룬 이 위대하고 강력한 국가의 수도는 다시 한번 불길에 휩싸일 위험에 처할 것이다. 이는 그러한 노동의 중단이 대중을 일련의 가연성 물질로 전환시키는 격이기 때문이다. 이 물질은 돌발적 열정이라는 사소한 불꽃이나 정당 간에 피어오르는 열기, 혹은 내부 동요로 타오르기 시작해 더없이 극악무도한 행위로 폭발하게 마련이다. 자연은 공백을 혐오한다. 아리스토텔레스학파의 이 오래된 원리는 지성에도 그대로 적용될 수 있다. 지성은 아무 대상도 없이 공허한 상태로 남기보다는, 아무리 터무니없거나 죄악된 것일지라도 무언가를 붙잡으려 하기 때문이다.

테오프라스토스는 또한 이렇게 말한다. 누구나 자신의 삶을 어지럽히고 양심을 더럽히는 욕망이 지배력을 갖게 된 시점을 너무 많은 한가함이 그 욕망의 침입을 허락했던 불행한 어느 순간으로 돌릴 수 있다고. 왜냐하면 <u>스스로나 타인을 잘 살펴본 사람이라면 '게으름이 곧 타락'</u>이라는 사실을 모를 수 없기 때문이다. 인생과 태도에 관한 일반적 지식뿐 아니라 인간 본성에 대한 심오한 통찰을 드러낸 이 저명한 작가는 다음과 같이 말을 잇는다.

"의학 분야에 탁월한 다수의 작가들은 특정한 상황에서 노출되는 여러 질병에 관해 심혈을 기울여 살폈고, 군대와 바다, 광산에서 유발되는 병에 관한 논문들을 훤히 꿰뚫고 있었다. 사실 학문적 조사와 의학 지식에 익숙한 이로서 건강에 해가 된다는 사유로 거절하지 않을 직종은 거의 없을 것이다. 하지만 학문이나 경험을 통해 이미 알고 있는 경우가 아니라면 아무리 불편하고 만만치 않은 일일지라도 나태한 삶보다는 더 큰 행복과 안정감을 선사할 것이다.

활동의 필요성은 신체 구조뿐 아니라 인간의 보편적 행동 양상에 대한 관찰을 통해서도 명백히 입증된다. 보수를 위한 노동이 필요치 않은 계급이나 부를 지닌 자들은 건강을 유지하기 위해 스포츠와 기분전환거리를 고안해 냈다. 이러한 활동은 수공업처럼 유용하게 소용되진 않지만, 이를 행하는 자들에겐 동일한 피로감을 부여한다. 농부나 제조업자의 노역과 다른 점이라면 그러한 활동이 선택적 행위이기에 강요로 인한 부담을 느끼지 않고 참여할 수 있다는 점이다.

사냥꾼은 일찍 일어나 온갖 위험과 장애물을 헤치고 사냥감을 쫓으며 강을 헤엄쳐 건너고 절벽을 오른다. 귀가할 때쯤 그는 군인만큼이나 지쳐 있으며, 때로는 부상과 죽음이라는 커다란 위험에 직면하기도 한다. 그에겐 열정을 불러일으킬 만한 동기가 없다. 그는 장군의 명령에 따르지 않아도 되며 태만이나 불복종에 대한 처벌을 두려워할 필요도 없다. 또 위험과 정복을 통해 기대할 만한 이익이나 명예도 없다. 그는 벽화나 시민들이 선사할 화환을 기대하며 행동하지만, 소작인들과 동료들의 칭찬으로 만족해야 할 따름이다. 그러나 인간에게 노동은 그 자체로 보상이다. 빈번하고 격렬한 신체적 움직임을 통해 얼마나 행복해질 수 있는지, 또 불안을 얼마나 떨쳐낼 수 있는지 감안한다면 노동 이외의 외적 자극은 필요하지 않을 것이다.

편안함은 비활동적 습관을 통해 기대할 수 있는 최대 산물이지만, 사실 그것은 고통과 즐거움 사이의 중립적 상태에 지나지 않는다. 춤추는 정신과 힘의 도약, 준비된 작업, 피로의 극복은 신경과 정신력을 단련하며 움직임을 통해 사지를 유연하게 하는 이를 위한 것이다. 그는 추위와 더위에 자주 노출됨으로써 자신의 신체를 강화한다. 만일 편안함이 보장된다면 많은 이들이 그쪽을 택할 것이다. 하지만 지상의 어떤 것도 그대로 멈춰 있을 순 없다. 기쁨으로 승격될 수 없는 편안함은 고통으로 자리매김하고 말 것이다. 은둔과 노동의 비율을 관찰하고 체중에 맞는 음식물의 공급으로 건강한 신체를 유지하며 짐작을 통해 희망을 품을지라도 사실상 우리는 알고 있다. 움직임을 통해 자극받지 못한 생명력은 점차 무력해지고 퇴락하다가 죽음에 이른다는 사실을 말이다.

현재의 온전함을 유지하려면 정신과 신체 모두가 계속 활동해야 한다. 둘 중 어느 한쪽도 느슨해지거나 무기력해지는 일은 없어야 한다. 무지에 굴복하여 건강을 살 수 없는 것처럼 건강을 희생해 가며 지식을 함양할 수도 없는 것이다. 무릇 건강이란 그 소유자에게 기쁨을 주거나 타인에게 도움을 제공할 수 있어야 한다. 학생들은 종종 육체적 힘과 마음에 생기를 불어넣는 오락거리를 경멸하는 것을 자랑으로 여긴다. 고독과 사색은, 사실 기쁨을 느끼며 운동이나 놀이를 즐길 수 있을 정도의 실력을 갖추는 일과 좀처럼 양립하지 못한다. 그리고 누구나, 꼭 필요한 일이 아닌 이상, 서투른 모습을 보여 우스꽝스러워질 것을 알면서까지 무언가를 하려고 하진 않는다.

나는 늘 여성 교육을 도입한 이들의 지혜를 존경해 왔다. 그들은 모든 여성이 각자가 처한 환경에 상관없이 제조 기술을 배워, 은둔하거나 집 안에 머무는 여유 시간을 메워야 한다고 생각했다. 여성들의 나약함과 그들이 다양한 즐거움을 누리지 못하도록 금하는 전반적 사회 체계 때문에 이러한 기술은 더욱 필요하다. 이러한 조치를 통해 세상의 미덕과 행복이 얼마나 도출될지는 알 수 없다. 다만 나는 바느질에 열중한 처녀들을 볼 때마다 마치 미덕의 학교에 자리한 것만 같다. 비록 뜨개질이나 자수에 소질이 있는 건 아니지만, 나는 마치 교사라도 된 양 그들이 작업하는 모습을 만족스럽게 지켜본다. 이는 바로 그러한 작업이 그들로 하여금 고독한 순간에 나태함을 배제함은 물론 나태함에 수반되는 열정과 공상, 망상, 두려움, 슬픔, 욕망에 빠지지 않도록, 그들의 정신이 위험한 함정에 빠지지 않도록 지켜주는 까닭이다. 오비디우스와 세르반테스는 일을 하지 않는 자에게만 사랑이 그 힘을 발휘할 것이라 이를 것이다. 일리아드에 등장하는 헥토르는 눈물짓는 안드로마케를 목격하고는 베틀과 실패를 보내 그녀를 위로하고자 했다. 분명한 사실은, 격렬한 바람과 헛된 상상력은 마음이 공허하여 여유로울 때 그 어느 때보다 강하게 덮쳐온다는 것이다."

…

나태함이야말로 동방의 수녀들이 행한 그 모든 악행과 범죄가 무성히 뻗어나가도록 한 근원이었다. 그들 중 일부는 학문을 접해보지 못했으며, 사색이나 근면함을 통해 고독의 따분함과 제한적 환경이 낳은 권태를 떨쳐낼 줄 몰랐다. 결국 자연이 부여한 재능을 갈고닦지 못한 것이다. 무분별한 열정은 희미한 이성의 빛마저 가려 버리고, 적막한 환경은 그들의 기질을 틀어지게 할 따름이었다.

사회 안에서도 마찬가지겠지만, 고독한 상황에서 불운과 고통을 피할 유일한 방도라면 가치 있는 일에 마음을 쏟는 것이다. 가장 먼저 고독한 삶을 추구한 이들은 사람들의 주거지와 떨어져 가장 일반적인 자연의 축복조차 내리지 않은 '깊은 동굴과 황량한 사막'에서 지냈다. 그럼에도 그들은 종교와 관련된 일상적 노동에서 잠깐씩 벗어나 쉴 때마다 거칠고 척박한 땅을 일구려 애썼다. 또 남달리 성스러운 길을 좇아 종일 수도실에 갇혀 지낸 이들도 각자에게 적합한 수공업에 참여함으로써 여가 시간을 메우려 했다. 그도 그럴 것이 본래 대다수 수녀원들의 규칙에 따르면 수도자들은 한순간도 그들의 시간과 관심을 비워 두지 말아야 했다. 그러나 이처럼 탁월한 수칙은 얼마 지나지 않아 쓸모없어지게 되었고, 이를 따르지 않음으로써 발생한 안타까운 결과에 대해서는 이미 어느 정도 기술한 바 있다.

VIII
글을 마치며

SOLITUDE

고독한 은둔 생활에 몰두한 이들이 특정 환경과 상황을 바탕으로 경험하게 되는 이점과 난점을 기술하고자 한 내 개인적 열의 때문에 어떤 이들에겐 내가 은둔의 낭만적 찬양자로, 또 다른 이들에겐 솔직하지 못한 비판자로 비칠 수 있을 것이다. 그러므로 내용을 마무리하는 이번 장에서는 앞서 언급한 내용을 토대로 공정한 결론을 이끌어 냄으로써 내 견해에 대한 오해를 막아보고자 한다.

지속적인 사회생활을 옹호하는 자들이라면 아마도 나를 두고 침울하고 비관적인 철학자이자 사회적 교류에 대한 상습적인 적이라고 비난해 댈 것이다. 그러니까 우울하고 음침한 은둔을 권장하고 삶의 기쁨을 누리지 못하도록 금지함으로써 사람들의 기질을 틀어지게 만들고 감정을 억눌러 최상의 기분을 느끼지 못하도록 함은 물론 이성의 고결한 기능을 왜곡하는 자라고, 나아가 세상을 사회의 수립과 문명화를 통해 벗어날 수 있었던 야만의 심연으로 다시 한번 밀어 넣는 자라고 말이다.

그런가 하면 지속적 고독함이 수반되는 삶을 지지하는 이들은 나를 일컬어 부당한 반감을 불러일으키고 근거 없는 불안을 조장하며 고독의 가치를 경시하는 동시에 그것의 남용을 심화시킴으로써 인간의 가장 즐겁고 만족스러운 기쁨을 박탈한 자라며 비난할 것이다. 이를 통해 타락을 뚜렷이 드러내고 당대의 악행을 고취시키며 부도덕하고 방탕한 정신을 북돋운 이로 나를 지목할지도 모른다.

그러나 이처럼 각기 다른 의견을 품은 양측은 모두 본 보고서를 집필한 내 의도와 견해를 오해하고 있다. 진심으로 확언하건대 나는 시민 의무의 이행을 지체시키거나 인간의 사회적 성향에 손상을 가할 의도가 조금도 없다. 더불어 합리적 은둔을 행하려는 의향을 줄이거나 고독을 통해 가장 잘 고쳐지는 자기 성찰을 막으려는 의도 역시 품지 않았다. 박애를 바탕으로 인류애를 느끼고 인간에 대한 선을 촉진하고자 하는 자비심은 가정적 즐거움을 좇거나 사적인 삶의 좁은 범주 안에서 부드럽고 온화한 애정을 키워나간다고 해서 손상되지 않으며, 사랑으로 가득한 가슴이나 벗의 품 안이 아니고서는 진정으로 누릴 수 없는 것이다. 또한 세속의 떠들썩함을 멀리하는 은둔을 일시적이고 합리적으로 행한다고 해서 인간의 고결한 동정심이 줄어들진 않는다. 반면 고독을 좇는 자가 개인들과 맺은 유대와 의존 관계를 통해 도출된 생각과 감정을 키우고 자신의 특정 관심사와 배려를 일반화한다면 사회적 원칙을 확대하고 자비의 범위를 키워나갈 수 있다.

하느님의 사랑은 전체에서 부분으로 침투하지만,
인간의 영혼은 개인에서부터 전체로

그 범위를 키워나가야 한다.
자기애는 오로지 선한 마음을 일깨우니,
그것은 마치 작은 조약돌이 잠잠한 호수를
일렁이게 하는 것과 같다.
맨 처음 호수의 중심이 움직이고 곧이어 원이 형성되면
또 다른 원이, 그리고 또 다른 원이 퍼져나가는 것이다.
그러니 우선 벗과 부모, 이웃을 품은 다음
그가 속한 나라를, 그리고 그다음으로
전 인류를 돌볼 일이다.

이 책의 목표

이 보고서의 주요 목표는 고독과 사회적 삶의 효용을 결합해야 함을 알리고, 이 둘이 서로 다른 쪽으로부터 이끌어내는 이점을 분명히 보여주기 위함이다. 아울러 극단으로 치닫는 행위의 위험성을 깨닫게 하고, 지속적 사회생활을 옹호하는 자들에게 고독한 사색을 통해 사회적 미덕을 향상시키고 악을 떨쳐낼 수 있음을 알리고자 한다. 또 지속적 고독함이 수반되는 삶을 지지하는 이들로 하여금 세속과의 철저한 단절에서 비롯된 오만함이 세련된 사회적 태도를 통해, 그리고 학식 있고 예의 바른 이들과의 교류와 대화를 통해 교정될 수 있음을 깨닫게 하고자 한다.

페트라르카는 삶의 전성기에 자신의 특별한 재능을 발휘하던 중 돌연 모든 사회적 매력 요소를 뒤로하고 사랑하는 이와 아비뇽을 떠났다. 그렇게 그는 문학에 전념하며 자신의 마음을 사로잡았던 불운한 열정에서 벗어났다. 사실 그렇게 하기 위해서는 보클뤼즈에서의 낭만적이고 기쁨에 찬 고독만큼 합당한 환경은 없다고 그는 생각했다. 그곳은 지중해가 보이는 작은 계곡에 자리했고, 템페 계곡만큼이나 아름다운 평원에 있는 그 계곡은 반원을 이룬 암벽들로 둘러싸여 있었다. 암벽은 높고 거칠고 기괴했으며, 계곡은 푸른 목초지와 초원으로 뒤덮인 경사지를 따라 흐르는 강으로 나뉘었다. 강 왼편으로 약간 구불구불하게 난 길은 광대한 분지의 초입으로 이어졌다. 제일 높은 암벽의 기슭이자 계곡의 바로 앞에는 자연의 손길이 파낸 듯한 어마어마한 동굴이 자리했고, 그곳에는 헬리콘의 그것만큼이나 유명한 샘이 솟았다. 수위가 낮아져야 접근 가능했던 어두운 동굴은 그야말로 굉장했다.

  동굴은 두 개의 굴로 이루어졌으며, 그중 하나는 아치형으로 높이가 20미터에 달했고 그 안에 자리한 또 다른 굴은 10미터 높이였다. 이 지하 바위 동굴의 중심부에는 직경 33미터의 타원형 분지가 자리했으며, 그곳에선 튕겨나는 물방울이나 거품 하나 없이 소르지아 강을 이루는 풍부한 물줄기가 조용히 솟아났다. 이 분지는 그 깊이를 측정할 수 없을 정도로 깊었다. 이처럼 매혹적인 도피처에서 그는 20년 동안 하릴없이 사랑하는 라우라를 잊으려 애썼고, 마침내 그녀의 부재를 견딜 수 있게 되었다. 그는 잔혹하고 부패한 궁정의 그릇된 기쁨과 더불어 늘 가려내어 경멸해 온 궁정의 풍습과 규칙을 전원의 은둔 생활이 선사하는 순수한 즐거움과 비교하며 지극한 만족을 누렸다.

  하지만 이처럼 매력적인 고독도 결국 그가 보다 화려

하고 분주한 대중적 삶의 장으로 복귀하는 것을 막지 못했다. 그는 20년간의 은둔을 통해 이끌어낸 이점을 활용해 세속의 악행에 물들 위험 없이 그곳에 녹아들 수 있다는 생각에 이르렀다. 이후 얼마간 이런 식으로 고찰한 끝에 그는 돌연 보클뤼즈의 평화로운 생활을 뒤로하고 호화롭고 활기찬 도시 생활로 뛰어들었다. 다정한 사랑의 도피자이자 사회를 경멸한 철학자로 낭만적인 암벽과 꽃으로 뒤덮인 숲속에서만 살아갈 수 있었던 보클뤼즈의 은둔자가 화려한 세계 속에서 주목받으며 온갖 연회에 초대받아 빛나는 모습을 본 아비뇽의 주민들은 놀라움을 금치 못했다.

> 안타깝게도 우리는 무지하니, 그늘 속에서
> 불안한 마음을 잠재울 치료제를 찾고자 하네.
> 어딜 가든 창백한 슬픔이 떠날 줄을 모르고
> 산들바람에 섞여 한숨짓고 개울을 따라 흐르니
> 파리한 멈춤은 그의 생명력을 시들게 하고
> 만족감에 젖어 새 날의 도래를 저주하네.
> 그곳에서 채워질 줄 모르는 사랑은

고통 속에서 맹렬히 분노하다
강풍을 견뎌 내거나 고꾸라지기 십상이지.
미신은 산들바람이 불어오는 순간에도
온갖 두려움과 악마의 외침을 곱씹고,
은둔하며 살아가기로 결심하고서
사회적 삶을 영영 뒤로한 자는
불경스러울 따름이다.

매우 정밀하고 심오하게 자연을 관찰해 온 권위자가 이미 언급한 바와 같이, 지속적 고독에서 비롯된 온갖 피로를 평온하게 견디며 버텨내려면 특별한 정신적 기질과 체질이 필요한 법이다. 줄곧 은둔에 억눌린 자는 아주 고귀한 인물이 아니라면 이내 우울하거나 비참해지게 마련이다. 여타의 가치 있는 자질과 마찬가지로 행복은 온갖 위험에 맞서며 여러 난관을 극복하지 않고서는 제대로 소유할 수 없다. 주어지는 보상은 크지만, 고된 과정을 거쳐야 하는 것이다. 건강한 신체와 활기찬 정신은 진취적 모험에 필수적이며 용기와 배짱 역시 그만큼이나 중요한 요소다. 이러한 자질을 갖추지 못한 무모한 모험가가 사회적 만과 항구를 떠나 고독이라는 거칠고 광활한 바다로 향한다면, 파멸로부터 그를 구해낼 지지대가 없기에 곧장 깊고 끔찍한 해저로 가라앉고 말 것이다. 앞서 제시된 몇 가지 사례들과 더불어 추가될 수 있는 훨씬 더 많은 사례들은 무릇 인간이란 홀로 남아 유익할 것이 없다는 위대한 교훈의 진실을 분명히 증명한다. 이러한 교훈은 자연의 위대한 시인이 부여한 것으로 인간의 마음에 또렷이 새겨져 있다.

> 하느님은 결코 인간을
> 고독하게 빚어내지 않으셨으니,
> 그것은 그분의 전반적 계획에 부합하지 않는다.
> 만일 인간이 자연을 홀로 배회한다면
> 의지가 모든 것을 다스리며
> 가는 곳마다 그의 거처가 될 것이니
> 어떠한 힘이 그가 사자에게 잡아먹히지 않도록
> 지켜낸단 말인가?
> 어떠한 날쌤이 그를 표범으로부터 구할 것인가?
> 행여 운명이 그를 좀 더 안전한 기슭으로 인도할 것인가?

표범이 서성대지 않고 사자가 으르렁거리지 않는 곳으로,
너그러운 자연이 온갖 매력적 요소를 선사하는 곳으로.
햇살이 내리쬐고 새들이 지저귀며
꽃이 만개하고 물이 흐르는 곳으로.
그처럼 영광스러운 광경을 앞에 두고도
여전히 만족하지 못한 그는
홀로 있음에 한숨지으며 투덜댈 것이다.

고독과 사회의 균형

만족이란 취향과 재능, 성향이 유사한 이들과의 사회적 교류나 신중한 교감을 통하지 않고서 인위적으로 구해지는 것이 아니다. 인류가 그토록 만족스러운 결과를 이끌어낸 문명은 전적으로 사회적 원칙의 적절한 관리를 통해 이루어졌다. 또 삶의 기반인 거칠고 무익한 땅의 개선 역시 오로지 사회적 결합을 통해 실현된다. 따라서 '존재의 목적과 목표'에 대해 은둔자들이 빚어낸 생각은 얼마나 그릇된 것이던가. 더불어 그들은 인간을 향해 얼마

나 강한 반감을 품었던 것인가! 프랑스의 어느 저명한 은둔자가 베수비오 산 분화구 근처에 머물며 그곳이 인간 사회보다 훨씬 더 안전하다 여긴 것처럼 말이다.

타인과의 소통이나 도움 없이 우리가 지닌 재미와 기쁨을 통해 스스로 행복을 자아낼 수 있다는 생각은 인간의 타고난 자만을 북돋운다. 설령 그것이 가능하다 하더라도, 그리고 온갖 매혹적인 악과 어리석음 가운데서도 고독한 열정가가 세속적 환경에 거주하며 활동적인 자에 비해 고귀하고 훨씬 더 오래 지속되는 지극히 행복한 상태에 이를 수 있다 할지라도, 특별한 상황 때문에 사회생활의 의무와 즐거움을 누릴 수 없게 된 이들을 제외한다면, 모두에게 사회가 필요하지 않는 영역이라는 결론이 나오는 것은 아니다. 보다 순수한 행복의 물줄기가 누군가의 바쁜 발걸음보다 고독의 기쁜 그늘 아래서 발견될 거라는 생각은 분명 그릇되고 기만적이다. 사실 어느 쪽도 그러한 선망의 물줄기를 독점할 순 없다. 그 물줄기는 고독과 사회라는 양 극단의 사이에 자리한 평화의 계곡을 따라 흐르기 때문이다. 계곡의 양쪽 가장자리를 크게 벗어나지 않으면서 일관된 속도로 이를 따르는 자라면 그 물줄기의 원천에 이르러 솟아나는 샘물을 맛볼 것이다.

그러나 어느 정도 길을 돌아갈 필요도 있다. 이는 바로 분별력과 신중함이 가미될 때 비로소 인생의 즐거움에 이를 수 있기 때문이다. 최고의 기쁨도 그 쾌락의 잔에 바닥을 보일 때 역겨운 맛을 풍기는 법이다. 지극한 기쁨일지라도 너무 빈번히 반복되다 보면 그 매력을 잃게 마련이다. 사회와 고독의 즐거움, 즉 유쾌하고 발랄한 세속의 오락과 고요하고 평온한 은둔의 만족이 적절히 혼합될 때 우리는 각각의 상태가 선사하는 최고의 즐거움을 누릴 수 있다.

우리의 삶은 사회라는 장치 없이 유지될 수 없다. 그렇다고 지나치게 열렬히, 그리고 지속적으로 좇다 보면 사회는 그 매력을 잃고 만다. 뜻이 맞고 성향이 유사한 이들을 한데 모아 공동 의식과 상호 동조를 이룬 사회는 지식의 수단을 발전시키고 감정의 연결고리를 증대시킴으로써 진실과 미덕의 명분을 크게 뒷받침한다. 더불어 축제의 무대와 활기찬 춤, 화려한 모임, 품격 있고 세련된 오락거리가 사회적 목표에 부합하는 한 이러한 활동은 그 가치가 인정되며 격려는 물론 찬사까지 받을 만하다. 또한 이러한 원칙 아래 장인을 비롯한 사회의 기타 하층 계급에 속하는 이들이 형성한 각종 사교 단체들도 존중받아 마땅하다. 정신이 제대로 활동하고 적절히 균형을 유지하려면 이따금 휴식을 취해야 하며, 공통의 즐거움을 추구하는 모임이야말로 이러한 목표에 도달하기 위한 가장 적합한 수단이라 할 수 있다. 친근한 만남이나 사교 모임은 이러한 정신을 드높이며 정신력을 발휘할 수 있도록 한다. 나아가 마음속 감정을 일깨우고, 상호 간 친절과 신뢰, 존경을 불러일으킨다. 또한 그러한 모임은 미덕의 엄격함을 완화시키고 그 효과를 강화한다. 그러므로 나는 내 제자들이 대중적 장소를 벗어나 침울하게 지내거나 사교적 무리를 피하지 않았으면 한다. 신중하고 이성적이며 감정이 풍부한 이들이라면 그러한 모임을 통해 오락과 가르침을 모두 얻게 되기 마련이다.

사실 사회적 활동을 통해 얻게 되는 이점과 그 즐거움을 맛보고 만끽하기 위해서는 어리석은 말을 참을성 있게 들을 줄 알고 잘못을 용서하며 나약함을 견뎌내야 한다. 더불어 지극히 평범한 재능을 경멸하지 않고 저속함을 보아 넘기며 경박한 태도를 허용하고 무례함을 용서할 줄 알아야 할 것이다. 이러한 조건의 이행은 그 자체로 보상을 이끌어 낸다. 즉 타인의 다양한 기질을 참아내고 비뚤어진 성향에 맞춰줌으로써 결국 믿기 힘들 정도로 자신의 기질과 성향이 개선되고 이해력이 향상되는 것이다. 우리는 그런 행동을 통해 타인을 기쁘게 함으로써 드높은 기쁨을 경험하며 스스로의 자질 향상이라는 크나큰 혜택을 받게 된다.

고독이 필요할 때

사회적 쾌락이 본래 인간의 마음을 기쁘게 하고, 적절한 규제 하에서라면 분명 정서 유지를 위해 필요하며 신중한 선택과 지혜로운 성찰이 수반될 경우 틀림없이 이롭긴 하지만, 화려한 대중적 삶에서 물러나 개인적인 은둔의 그늘을 찾는 이들을 대부분 침울하고 염세적이라고 비방하는 것도 바람직하지 않다. 사실 자신의 공이 사회에 좀 더 도움이 되길 바라며 고독이라는 도피처를 찾는 자, 은밀한 우정의 친밀감과 대중의 찬사를 포기하고 보다 고결한 방식으로 이를 누리려는 자, 비록 불운과 슬픔으로 괴롭고 슬퍼 고통스러운 나머지 사회로부터 위안을 구하지 못했지만 그럼에도 자신이 누리지 못한 유쾌함을 잃지 않고 성마른 감정에 시달리지 않으려는 자들이 많은 까닭이다.

그런가 하면 개인적 영광과 인류에 대한 지원을 모두 이루기 위해 세속에서 물러나는 이들도 있으며, 그러한 목표의 달성은 고독이 선사하는 이점을 통해서만 기대할 수 있는 것이다. 숭고하고 관대한 영혼으로 빛나는 그들은 삶의 기쁨과 사회생활의 매력, 건강이라는 혜택까지 희생해 가며 인류에 대한 사랑을 표현한다. 그들은 세상에서 물러나 갇혀 생활하며 사회의 이익을 증진시키고 행복을 증대시키는 데서 비롯되는 만족감 외에 다른 어떤 보상도 기대하지 않은 채 불굴의 근면성을 바탕으로 각고의 노력을 기울인다.

현명한 성찰, 세월이 묻어나는 굽은 모습

의식적 미덕은 두려움을 모르고

나직한 침묵은 수줍은 숲의 정령의 것

명상에 빠진 이의 통찰력 있는 시선

이끼에 내려앉은 평온함

마음을 헤집는 회고

몽상에 잠긴 듯한 몰입

꾸밈없는 겸손으로 붉어진 안색

건강한 그는 아침의 내음을 마시고

헐벗은 가슴으로 진실을 응시하네

자연이 일으킨 영감은

격렬히 고독을 좇네.

　마음을 제대로 들여다본다면 고독에 탐닉해도 무리가 없을지 알아차릴 수 있을 것이다. 세속의 유쾌한 기쁨과 화려한 즐거움이 불만족스럽고 불편한 이라면 별다른 거부감 없이 고독으로 도피하려 할 것이다. 또 일정 기간이 지난 후 고독의 온화하고 평온함에 매료된 누군가가 이전까지 경험하지 못했던 고요와 만족을 누린다면 그는 편의대로 사회를 포기할 수 있다. 참을성 있는 자라면 그러한 상황에서 자연스러운 마음의 성향을 마음껏 누릴 것이며 습관처럼 찾아드는 감정에 부응할 것이다. 그런 다음 그는 시라는 언어로 다음과 같이 이야기할 것이다.

> 아! 어서 나를 이 시끌벅적한 곳에서 빼내 주오.
> 고즈넉한 숲과 눈부시게 푸르른 녹음이 자리한 곳으로
> 종교와 평화, 위로가 있는 곳으로
> 천상의 빛이 쓸쓸한 수도실을 밝히는 곳으로
> 거센 바람과 격렬한 파도가 없는 곳으로
> 편안히 사색하는 가운데 마음이 동요하지 않는 곳으로.
> 열정은 잠잠히 잦아들고, 온화한 사랑이 빛나니
> 신성한 고요함을 누리는 영혼
> 사적이거나 공적인 갈등 없이
> 잔잔한 인생의 강을 가만히 타고 흐르네.
> 두려움에 눌리지 않으며, 근심으로 괴롭지 않으니
> 내 삶의 다음 장을 가만히 넘겨보네.

그러나 그처럼 기분 좋은 마음의 평온함이 지나친 사회적 쾌락으로 인해 손상되거나 파괴된 후 은둔의 고요

함을 통해 본래의 순수를 되찾지 못한다면, 이는 자연적인 구조적 결함의 탓으로 행복을 누리는 데 필수적인 평온함을 맛보지 못한다는 결론에 이를 것이다. 그러한 상황에서는 고독의 즐거움을 탐닉하는 것이 위험하다 하겠다. 결국 그처럼 고통스러운 자는 사회로 돌아가 활동적 삶에 수반되는 의무를 다하고 보다 수용 가능한 즐거움을 구하여 그것을 절도 있게 누려야 한다. 세상의 즐거움과 일들이 인간의 이러한 지적 병폐를 근절할 순 없더라도, 분별력 있게 좇을 경우 병폐의 진행을 늦추고 고통을 경감시킬 것이기 때문이다. 그런가 하면 해독제가 너무 약해 독에 작용하지 못하거나 그 진행을 저지할 수 없다면 상황은 절망적일 수밖에 없다. 이 경우 운명을 경건히 받아들이는 길만이 안도감을 선사할 것이다.

아! 전능하신 주님, 뜻대로 하소서
삶의 급류를 헤쳐나감에 나를 인도하사
내가 가는 길에 폭풍이 따르고
이 칠흑 같은 항해를 마칠 때까지
바다가 분노하고 폭풍이 휘몰아치게 하소서

그대 앞에 경배하며 모든 것을 받아들이나니
온갖 시험 속에서도 그 뜻에 따르리
주님의 독자, 내 닻이자 길잡이요
그 명에 따르리
예수께서는 내 믿음이요, 그대 내 희망이니
겸허히 기다리겠네, 고난의 바다를 지나
고대하던 휴식에 이를 때까지.

  불행한 감상과 감정이 되풀이되지 않도록 세속에서 물러나야만 하는 상황도 분명 존재한다. 개선이 불가능한 세상의 풍습과 규범에 대해 강한 혐오감을 느끼는 이에겐, 떨칠 수 없는 고통이 세상 속 다양한 광경을 통해 드러날 때 두려움을 느끼는 이에겐, 억누르지 못한 온갖 악행이 사람들 사이에서 빈번히 행해지고 그로 인해 상처받은 이에겐 은둔이야말로 지복을 위해 지켜야 할 정의로운 의무가 된다. 그러한 경우 고독에 대한 충동은 그것이 옳다는 확신을 바탕으로 따를 수 있다.

  고독은 비단 행복뿐 아니라 미덕을 유지하기 위해 필요한 도피처이며, 이는 결과적으로 세상에도 유익하다

하겠다. 무기력과 불쾌함, 죄책감이라는 안타까운 장에서 벗어난 연민의 유연한 감정은 침착하게 조절된다. 그리하여 마음은 스스로의 작용을 보다 잘 식별하게 되고, 고귀한 미덕의 감정도 차분히 가라앉는다. 더불어 악에 대한 증오 역시 보다 온화해지고 분별력을 띠게 되며, 혐오스러운 고통을 유발한 격렬한 감정도 천천히 가라앉게 된다. 또한 인간의 본성을 돌아보면서 어리석음을 참아내고 고통을 경감시키며 인류의 악행을 바로잡으려는 시도가 얼마나 필요한지 통감한다. 은둔자는 고독에서 비롯된 여유와 고요함을 통해 자신의 고독한 명상과 박애주의적 감정이 불러일으킨 목표에 도달할 방법을 가려낼 수 있게 된다.

온화하고 고매한 시선으로
산속에 고요히 자리한 그를 보라.
의식의 안개와 열정의 폭풍 너머로
이 생의 어두운 근심과 소란은
아래쪽에서 몰아쳐
무해한 천둥과 같이

그의 평온함을 해치는 일 없이

연민을 북돋울 따름이네.

이 땅의 참된 아들들과 왕위에 오른 자, 그리고 노예,

뒤엉킨 군중들! 떠도는 무리!

계곡에 선 그는 당혹감에 휩싸여 이들을 지켜보니,

모든 면에서 그들과는 다르며,

모든 것이 그들과 상반되니!

정당함에 대한 더 높은 찬사와

보다 확실한 증명이 가능한가?

그는 자신을 너무도 귀하게 여긴 탓에

오만하지 아니하며

사람에게 사람만큼 위대한 것은 없다고 여기네.

인간의 이해관계를 소중히 여기고

도외시하지 아니하는 그는

누군가의 안녕이나 권리를 침해하지 않네.

그는 그릇됨을 온화하게 견디며 천상을 바라보니

자신을 해한 자를 적으로 여기지 않네.

대신 그는 온화한 연민으로 주변을 살펴

다른 이의 고통을 덜어주고

사나운 열정을 평화롭게 가라앉힐
방도를 강구하네.

사회적 의무와 고독

집 안에서 홀로 은둔하며 생활하는 자, 부드럽고 다정한 우정과 애정 어린 사랑에 익숙한 자, 종교의 순수함과 마음에 새겨진 밝은 이미지를 토대로 미덕에 대한 개념을 형성한 자라면 세속의 인위적 태도와 뻔뻔한 악행을 처음 목격했을 때 증오와 혐오감에 사로잡히게 마련이다. 소박함과 순수함이 함께하는 고요한 은둔에 잠겨 세상을 좀 더 완벽하게 일구어 가려는 그들은 온화하고 공정하며 자비로운 성향을 지닌 까닭에 사회적 삶의 가장 돋보이는 특성을 왜곡시키고 사회 구조를 흔들리게 하는 그릇된 엄격함과 탐욕스러운 이기심, 지독한 부정, 비도덕적 권모술수, 비인간적 잔혹함 앞에 휘청댄다.

하지만 이러한 실망감이 역겹고 세속에 발을 들인 그들의 감정을 크게 해친다 해도 맡은 일을 뒤로한 채 의무를 저버리고 임무를 이행하지 않는다면 이는 비겁할 따름이다. 사회로 구성된 인간의 행복과 발전은 자연의 계획에 대한 각 개인의 적극적 동조에 크게 좌우된다. 따라서 공공의 이익 증진을 지원하지 않는 자는 전체를 한데 묶어두는 고리를 느슨하게 하거나 끊어버리는 셈이다. 그러므로 다음과 같은 교훈은 아무리 강조해도 지나치지 않다. 모든 개인은 동시대의 풍습과 분위기에 자신을 조화롭게 맞춰야 하며, 그래야만 자신의 행복을 증진시키는 동시에 타인의 행복을 증진시킬 수 있다. 더불어 사회적 활동을 통해 인류의 지식 수준을 확장할 수 있으며, 관대함으로 고통받는 이들을 도울 수 있고, 말과 행동으로 악덕의 추함과 덕의 아름다움을 드러낼 수 있다.

인간의 안녕과 행복을 증진시키고자 하는 선한 자들은 이처럼 신성한 의무를 통감하고 적법하지 못한 쾌락을 좇는 경솔한 대중을 멀리하며, 몰지각한 숭배자들은 물론 지나친 지혜와 방종, 방탕함을 피한다. 이러한 일련의 과정은 가정에서 비롯된 즐거움을 합리적으로 확장시켜 유익한 일에 종사하는 개인을 통해 가장 잘 실현된다. 이 경우 헛된 분주함의 경박한 추구와 오만한 부자들의 과시적 행태, 무모한 자들의 허망한 쾌락, 탐욕을 향한 끝없는 열망은 물론 악행에 대한 산만한 죄책감 따위가 작용하는 일은 없어야 한다. 반대로 우리는 선한 일이나 자선 활동을 수행하는 과정에서 쾌활하고 믿을 만한 몇몇 벗들과 더불어 사랑하는 가족의 품 안에서 여유 시간을 보낼 수 있다. 이처럼 공동체 안에서 이루어지는 상호적 애정과 사랑은 인간으로서 누릴 수 있는 최고의 행복을 선사한다.

> 나태함에 빠져 집 밖을 누비는 자,
> 집 안에 자리한 행복을 찾아다니고
> 허망한 좇음에 지친 그가 마침내 깨달은 바
> 행복은 진정 선한 마음에 자리하나니.

그러나 사회적 의무에 부합하고 우리가 증진하고자 하는 행복의 주된 근간인 가족의 이익에 해가 되지 않는다면 은둔은 우리 마음에 가장 이로운 영향력을 행사할 수 있다. 현명하고 합리적인 고독을 수반하는 자기 성찰은 도덕적 성향을 촉진하고 확실시할 뿐 아니라 우리에게 몰래 잠입해 마음을 더럽히는 잠재적 악을 발견하여 몰아낸다. 이러한 자기 성찰은 사색하는 습관을 유발함으로써 정신력을 활성화시키고, 대중적 삶 속의 일과 쾌락 가운데서 최고의 정신적 에너지를 끌어올려 보다 고상하고 고결한 목표를 지향하도록 한다. 실제로 자기 성찰을 통해 마음의 힘이 놀라울 정도로 확장되는 까닭에 어느새 우리는 스스로 규정한 범위로 재능을 국한시켜 왔다는 사실을, 그리고 그간 현혹되어 온 무지와 비겁함을 수치스러워하게 된다. 재능의 발현은 무제한적이며, 그 영향력이 발휘되는 정도도 능력의 꾸준한 행사 여부에 따라 전적으로 달라진다. 용기와 끈기가 수반된 근면함은 모든 난관을 극복하고 최고의 목표를 달성할 수 있도록 한다.

그런가 하면 우리는 지적 나약함에 빠지기보다 불굴의 용기와 결의로 그것을 물리쳐 완전히 소멸시켜야 할 것이다. 인간의 마음이란 웅장한 나무와 같아서 그 가지를 주변에 두루 뻗는다면 하늘에 닿을 만큼 자라나며, 자라는 땅을 비옥하게 가꾸는 정도에 따라 성장의 범위도 달라진다. 또한 마음의 나무는 어느 한 지점에 고정되어 있지 않으며, 가장 잘 자랄 만한 곳으로 옮겨 심으면 얼마든지 더 뻗어나갈 수 있다. 자연의 힘에 대한 확고한 신뢰와 향상된 능력의 지속적 행사, 성공적 힘의 가동에 대한 침착한 관찰, 고독이 선사한 잠재력에서 비롯된 온화하고 적극적인 열의를 통해 우리의 마음은 다음 단계로 향상되며 성취를 거듭하게 된다. 그뿐만 아니라 점진적이고 꾸준한 발전을 통해 도달할 수 없을 것만 같던 지극히 높은 곳에 이르러 그 대단함과 놀라움을 체험할 수 있다. 고독은 이처럼 지성에서 비롯된 숭고하고 고결한 결실을 향한 참된 길잡이이자 가장 강력한 도구다. 정신적, 도덕적 탁월함을 지향하며 위대함과 선함을 열망하는 자라면 고무적인 고독의 그늘을 찾게 마련이다.

어떠한 상황에서든 고독은 지나치게 탐닉하거나 오용될 경우에만 해로울 수 있다. 사실 남용되거나 오용될 경우 해롭지 않은 것이 어디 있단 말인가? 사회가 제공할 수 있는 최고의 이점과 상상력의 지극한 비상, 마음에서 우러난 최고의 사랑, 신체적 강인함, 만족스러운 정신적 활동, 물과 불의 놀라움, 자유의 축복과 같이 신이 내린 최고의 선물과 인간이 고안해 낸 기발한 자질들 역시 오

남용된다면 왜곡되고 말 것이며 그 목적마저 사라질 것이다. 더불어 그 작용과 결과가 널리 유해하고 불리한 성격을 띠게 됨은 물론이다.

다만 고독이 초래할 수 있는 일반적인 해로움에 대해서는 분명히 인지해야 한다. 불합리한 고독이 종종 이성을 흐리고 이해력을 감소시키며 태도를 해치고 열정을 걷잡을 수 없이 동요시키는 것은 물론, 상상을 퇴락시키고 기질을 악화시키며 전반적 기개까지 저하시킨다는 것을 시인하지 않는다면 이는 곧 진리의 신성한 경계를 넘어서고 순수의 권리를 침해하는 격이다. 또한 고독을 좇는 많은 이들이 소란스러운 열정을 잠재우고 공상을 탓하며 마음을 고양시키고 단장하기 위해, 그리고 마음을 새로이 개선하기 위해 은둔이 선사하는 기분 좋은 여유를 활용하는 대신 너무도 빈번히 경솔함을 좇고 비도덕적이며 불법적인 욕망에 경도된다는 사실도 굳이 부인하지 않겠다.

고독의 양면성

그러나 악하고 사납게 날뛰는 세속적 욕망으로 순수하고 평온한 은둔의 시간이 더럽혀지는 이러한 사례들은 일시적이며 잘 조절된 고독이 낳는 크나큰 이점의 가치를 떨어뜨리지 않으며, 그저 나약하고 타락한 데다 불완전한 인간의 본성을 드러낼 따름이다.

어느 저명한 독일의 작가는 고독을 시적으로 표현하며 이렇게 말한 바 있다. 고독은 한 손에 축복의 잔을 들고 행복한 이들의 입술에 달콤함을 따르지만, 다른 쪽 손엔 독이 묻은 단검을 쥐고 괴로운 자들의 가슴에 고통을 심는다고 말이다. 무릇 은둔은 불운한 이의 아픈 가슴에 위안의 향유를 내리고, 낙담한 지혜와 미덕의 영혼에 달콤한 음료를 건네지만, 나약하고 악한 자에겐 퇴락과 번민의 독으로 작용할 따름이다.

사회적 쾌락이 고독에서 비롯된 이점과 양립할 수 없다는 생각은 잘못된 것이다. 사실 이 둘은 한데 섞일 수 있을 뿐 아니라 서로를 뒷받침하고 증대시킬 수 있다. 자신이 속한 세상으로부터 추방되지 않고서도 고독을 누릴 수 있으며, 은둔의 즐거움을 포기하지 않고서도 사회에 녹아들 수 있다. 실제로 인생은 상황별로 활동성과 고요한 휴식을 번갈아 가며 함께 추구할 것을 요구한다. 고독과 사회의 결합은 비단 지성뿐 아니라 신체 구조의 완성을 기하기 위해서도 반드시 필요하다. 고독에 시간을 쏟느라 삶의 의무를 소홀히 할 수밖에 없다고 말한다면 이는 사회적 쾌락이나 과업을 수행하기에 삶의 의무를 다 할 수 없다고 하는 것만큼이나 잘못된 것이다.

일상적으로도 뚜렷이 관찰되듯 전원의 은둔이 선사하는 매력과 이점은 도시와 사회적 쾌락, 흥미로운 활동을 현저히 멀리하지 않고서도 누릴 수 있다. 페트라르카는 파르마에 머무는 동안 사교를 즐기기도 했지만, 가능한 한 자주 공적 생활에서 벗어나 도시를 에워싼 들판과 숲을 거닐며 기쁨에 취하곤 했다. 거닐기를 좋아한 그는 어느 날 파르마에서 5킬로미터 거리에 자리한 렌차Lenza 강을 지나 레지오Rhegio의 어느 숲에 이르렀다. 그곳은 실바 플라나Sylva Plana 혹은 로 우드Low Wood로 불리는 곳으로,

구릉지에 위치한 까닭에 알프스 산맥과 갈리아치살피나 Cisalpine Gaul가 훤히 내다보였다. 하늘을 찌를 듯 높이 솟은 늙은 떡갈나무들이 숲속 오솔길에 그늘을 드리워 내리쬐는 햇살을 막아주고 있었다. 인접한 산을 타고 내려온 상쾌한 바람과 굽이치며 흐르는 작은 개울들이 한낮의 더위와 지열을 식힌 덕분에 극심한 가뭄이 닥쳐와도 그곳엔 파릇한 초목과 어여쁜 꽃들이 만발했다. 빼곡히 들어찬 덤불마다 온갖 새들의 지저귐이 들려왔고, 사슴을 비롯한 숲속 동물들이 주변을 뛰어다녔다.

이처럼 아름다운 숲 한가운데에 자연은 낭만적 무대를 연출했으며, 그 매혹적인 장식들로 보아 그곳은 마치 사색을 위해 꾸며진 장소 같았다. 이 유쾌한 도피처의 매력은 페트라르카에게 영감을 불어넣었고, 고독을 즐겼던 그의 본래 취향을 또렷이 되살아나게 했다. 이에 파르마로 돌아온 그는 도시 인근에 장소를 마련해 이따금 피로한 주교 업무를 뒤로하고 순수한 자연의 축복과 전원의 유쾌한 휴식을 누리고자 했다. 이윽고 그는 자신의 바람에 정확히 부응하는 작은 오두막을 마련했고, 그곳은 성 안토니오 수도원 인근 도시 끝자락에 자리했다. 페트라르카는 교회 업무와 벗들의 유혹을 피해 종종 이곳으로 숨어들었다. 당시 탁월한 그의 재능은 사람들의 이목과 찬사를 끌기에 충분했다. 또한 매력적인 그의 태도를 동경한 파르마의 상류층 인사들은 자신들의 일상적 파티에 참석할 것을 그에게 줄곧 요구하며 호의적으로 다가섰다. 그러나 페트라르카가 품은 행복의 개념은 호화로운 생활에 젖은 귀족들이나 유행에 민감한 여성들과의 교류를 통해 얻는 행복과는 거리가 멀었다. 시문학이나 철학적 가르침은 그들에게 아무런 기쁨도 주지 못했고, 페트라르카에게서 즐거움이나 정보를 얻지 못한 그들은 그에게도 큰 만족감을 선사하지 못했다. 그에게 은둔이 선사한 고요하고 소박한 즐거움은 파르마의 그 모든 품격과 화려함보다 더 큰 기쁨이었던 것이다.

하지만 이처럼 은둔을 선호한다고 해서 페트라르카가 몇몇 벗들과의 긴밀한 이성적 교류마저 포기한 것은 아니었다. 이에 대해 그는 다음과 같이 말한다.

"이 유쾌한 오두막은 더없이 편리한 곳에 자리한 까닭에 나는 전원의 은둔에서 비롯된 모든 이점을 누리는 동시에 매력적이고 품격 있는 도시가 담고 있는 온갖 즐거움에도 닿을 수 있다. 학문적 열망으로 마음이 어지러울 때나 고독의 정적 때문에 침체되었을 때, 몇몇 특별한 벗들과의 교류는 마음을 새롭게 환기시킨다. 그렇게 도시의 즐거움을 실컷 누린 나는 내 달콤한 휴식처로 부리나케 내달려 이 매력적인 도피처가 제공하는 흥미롭고 친밀한 소일거리에 빠진다. 아! 다정한 운명이여. 부디 오래도록 이 중도의 즐거움을 누리게 하소서. 전원의 평온함과 도시의 유쾌한 위로를 번갈아 느끼는 행복을 지속할 수 있길! 이야말로 이집트의 은자도, 그리스의 철학자도 이르지 못한 지복일 것이다. 부디 이 소박한 거처에서 내 하루를 조용히 보내며 거창한 매력에 유혹되지 않길, 세속의 즐거움에 동요되지 않길. 온갖 공상과 몽환은 만족으로 가득한 이 오두막을 떠나 본래의 영역인 왕의 궁으로, 그 야망의 제단으로 돌아갈지어다!"

지혜와 미덕의 목소리는 모든 이로 하여금 페트라르카가 구현해 낸 행복의 도안을 채택하도록 이른다. 그러므로 공적 생활에 수반된 분주한 사안들과 순전한 쾌락,

그리고 은둔에서 비롯된 학구적이며 평온한 즐거움 가운데서, 더불어 개인적 만족을 위한 유쾌한 활동과 보다 고결하고 고상한 지성의 이행 가운데서 주어진 시간을 적절히 배분함으로써 우리는 가볍고 경박한 방탕과 기쁨을 모르는 염세적 성향에 빠질 위험을 멀리할 수 있다. 또한 그렇게 함으로써 우리는 고독이나 사회를 통해 유발되는 유해한 결과를 피하게 될 것이다. 고독과 은둔의 불합리하고 무분별한 추구는 결국 우리 삶을 진퇴양난의 형국으로 몰고 갈 수 있다.

...

이것이 바로 행복을 불러오는 주요 방편들이 각기 품은 이점과 난점에 대한 내 견해다. 한 가지 명확한 사실은 나의 경우 일상다반사와 직업적 의무를 잠시 내려두고 여유를 즐길 때 가장 숭고하고 만족스러운 고독의 기쁨을 체감했다는 것이다. 그러한 기쁨을 맛보고자 하는 모든 이들이 고독의 매력에서 비롯된 동일한 위로와 즐거움을 누리길 진심으로 바라는 바다. 동시에 그들에게 권하고 싶은 점이라면 휴식이라는 신성한 축복을 누리는 한편 사회적 미덕과 우정에서 비롯된 위안, 혹은 사랑의 감정을 도외시하지 말라는 것이다. 또 자연적 욕구를 잘 살피고 일상적 사안들을 적절히 처리하여 고결한 은둔의 의무뿐 아니라 세속적 교류와 소통을 위한 충분한 여유를 찾도록 해야 한다. 부디 여러분이 벗들의 찬사와 존경을 누리고 자신의 행동에 자족하면서도 합리적 은둔의 즐거움을 잃지 않음으로써 이처럼 고귀한 이점들에 한 발짝 더 다가서길 바란다.

전 인류를 사랑하는 것, 우리와 보다 긴밀히 연관된 모든 이들의 행복을 최대한 증진시키는 것이야말로 도덕과 종교 모두가 명하는 바다. 하지만 이 중요한 임무를 달성하기 위해 재능과 지위, 업적 면에서 우월한 자에게 비굴하게 복종하거나 굴복할 필요는 없다. 모두가 준수해야 할 의무가 있다면 자신이 속한 사회를 포기하거나 그 풍습을 경멸하는 일 없이 이따금 세속에서 물러나는 성향을 함양하고 그러한 뜻을 실현할 힘을 보존하는 것이다.

인간 본연의 자주 정신을 굳건히 지키며 수많은 세상사를 통해 다양한 즐거움과 지혜로운 가르침을 얻어낸다면 우리의 행복은 현저히 증대될 수 있다. 무릇 사회는 지혜의 장이요, 고독은 미덕의 성전이라 하겠다. 사회를 통해 우리는 주변인들의 지지에 힘입어 살아가는 기술을 터득하고, 고독와 더불어 스스로 조용히 살아가는 기술을 익힌다. 세속으로부터의 철저한 은둔은 신의 섭리에 따른 주요한 역할에서 우리를 배제시키지만, 이따금 일시적으로 은둔하지 않는다면 우리는 분명 맡은 바 역할을 제대로 수행하지 못할 것이다. 명상과 성찰을 위해 따로 시간을 마련하지 않는 자의 경우 행동에 일관성이 없을 것이며 품위가 결여될 것이다.

설교에 능한 어느 목사의 말을 마지막으로 남긴다.

"삶의 열기와 부산함 속에서 열정은 매 순간 주변의 여러 대상들에 그릇된 색채를 부여하니 어느 것도 온당하게 보일 수 없다. 만일 이성이 본연의 힘을 행사하길 바란다면 우선 군중에서 한 발짝 물러나 차분하고 고요한 음지를 찾아야 한다. 그리하여 이성이 인간의 행위에서 옳고 그름과 지혜롭고 어리석음을 냉정하고 침착하게 가려내도록 하는 것이다. 더불어 이성은 과거를 돌아보고 미래를 내다봄으로써 비단 현재뿐 아니라 삶의 전반에 대한 계획을 수립한다. 열정을 식히려 들지 않는 자가 자신의 의무를 제대로 이행할 수 있을까? 또 아무런 제지 없이 소란한 세상에 몰두한 자가 과연 그의 열정을 식힐 수 있을까? 이처럼 마음이 쉴 새 없이 어지럽다면 이는 곧 삶의 영원한 취태醉態라 할 수 있을 것이다. 이러한 상태는 영혼을 격렬히 동요하게 만들어 경솔함과 어리석음이라는 치명적 증기를 내뿜도록 한다. 반면 합리적 은둔과 세속적 일들을 어우르는 자는 차분함을 유지하며 스스로 통달하게 된다. 그는 방황하지 않으며 불안한 세상 때문에 어지러워지는 일도 없다. 대신 보다 고차원적인 목표를 구상하며 머물렀던 신성한 은둔을 뒤로한 채 담대하고 침착하게 세상으로 발을 내디딘다. 이제 그는 스스로 다져온 원칙을 통해 더 강해졌고, 향후 어떠한 일이 벌어지더라도 맞닥뜨릴 태세를 갖추게 되리라."

감미로운 고독이여! 삶의 흥겨운 시간이 지나고
이리저리 배회하던 우리는 결국 그대에게 이른다.
폭풍우 몰아치는 바다를 헤쳐 나와 여정이 끝나고
핼쑥한 얼굴로 돌아보며 반가운 해안을 축복한다.
우리는 스스로 엄격한 잣대로 지난날을 살펴
명예로운 나날이 늘었는지 묻는다.
장차 밝은 미래에 죽음을 거슬러
후대를 신뢰하며 만족스러운 최후를 맞이할 것인지.

요한 G. 치머만의 생애

요한 게오르크 치머만Johann Georg Zimmerman은 1728년 12월 8일 스위스 베른주의 브뤼그라는 한 작은 마을에서 태어났다.

그의 아버지는 지방 의회 소속으로, 유능하고 화술에 능했다. 그의 어머니는 양식 있고 온화한 태도를 지닌 여성으로 겸손을 미덕으로 여겼다. 또한 그녀는 뛰어난 학식과 능력을 인정받아 파리 의회까지 진출한 저명한 파체Pache의 딸이기도 했다.

치머만의 아버지는 유능한 교사들의 도움을 받아 핵심 과목의 기초뿐 아니라 온갖 부차적인 내용에 이르기까지 치머만을 열성적으로 교육했다. 치머만은 열네 살이 되던 해 베른대학에 진학해 사학자이자 수사법 교수인 키르히베르거Kirchberger와 저명한 그리스어 교수인 알트만Altman 밑에서 3년간 수학하며 언어학과 순수문학을 익혔고, 줄곧 성실하고 집중력 있는 태도로 학업에 임했다.

대학에서 거의 5년을 보낸 후 치머만은 그간 축적해 온 지식을 실생활에 적용해 보고자 했다. 지인들에게 자신의 이러한 의중을 개략적으로 언급한 그는 곧장 의술을 연구하기로 결심한다. 당시 이름을 떨치던 할러Haller는 조지 2세의 명으로 지위가 승격되어 괴팅겐대학의 교수직을 맡았고 전 유럽에 명성이 자자하던 차였다. 치머만은 이 위대하고 저명한 석학의 조력 하에 의술을 익혔다. 1747년 9월 12일 괴팅겐대학에 입학한 그는 1751년 8월 14일 학위를 취득하기에 이른다. 강도 높은 학업에 지친 정신에 휴식을 주고자 치머만은 영어를 익히기 시작했고 정중하고 품격 있는 영문학에 아주 능숙해졌다. 그리하여 셰익스피어와 포프, 톰슨과 같은 영국 출신 시인들은 평소 선호한 호머, 베르길리우스와 같은 작가만큼이나 그에게 친근한 존재로 자리 잡았다. 그렇게 괴팅겐 대학에서 보낸 4년간의 매 순간이 그의 정신적 수준 함양에 기여했다고 할 수 있겠다. 1751년에 이르러 치머만이 집필한 작품은 그의 뛰어난 천재성을 드러내며 훗날 해외로까지 널리 알려지게 된다. 베른에 머문 초기에 그는 다양한 주제를 다룬 여러 편의 훌륭한 에세이를 〈헬베틱 저널 Helvetic Journal〉에 실었다. 할러의 재능과 학식에 관한 글 역시 그중 하나였다. 그의 벗이자 후원자의 공을 치하한 이 감사의 헌사는 이후 학자이자 철학자, 의사, 그리고 한 인간으로서 할러의 삶과 작품을 논한 한 편의 역사적 기록물로 확대 편찬된다.

괴팅겐대학을 떠나게 된 할러는 베른시로 돌아가 치머만의 조력에 힘입어 퇴락한 자신의 위상을 되찾고자 했다. 할러의 가족 중에는 그의 친척 뻘인 젊은 여성이 있었는데, 그녀의 처녀적 이름은 멜리Mely로 M. 스텍이라는 이름의 남편과 사별한 터였다. 치머만은 매력적인 그녀에게 깊이 매료되어 청혼했다. 그렇게 둘은 서로의 마음을 확인한 후 정식으로 부부가 되었다.

이 상냥한 여성과 부부가 되고 나서 얼마 지나지 않아 브뤼그 시내의 의사 자리가 비었고, 주민들의 요청에 따라 치머만이 그 직책을 맡았다. 이에 그는 베른에서 누린 즐거움과 혜택을 뒤로하고 고향으로 돌아와 평생토록 정착하고자 했다. 그러나 문학적 삶을 마음껏 추구하기가 어려워짐에 따라 그는 자신의 본업에 전적으로 몰두하지 못했다. 치머만은 의학과 도덕학, 순수문학, 역사, 여행기, 혹은 일반 소설과 로맨스 소설에 이르기까지 유럽 전역의 다양한 출판사에서 이따금씩 발행하는 유명한 작품들을 대부분 읽어 나갔다. 그는 특히 각종 소설과 영국의 로맨스물을 대단히 즐겼다.

그러나 브뤼그에서 즐길 거리는 매우 한정적이었던 까닭에 무기력해진 데다 잔뜩 낙담하고 만 그는 사회생활을 멀리하고 은둔하는 삶을 살았다.

뛰어난 재능을 지닌 이 인물은 이 같은 상황에서 14년간 불편한 생활을 이어나갔다. 제아무리 업무에 매진하고 문학적 성과를 내고 또 친구들의 권유와 가족들의 노력이 더해진다 해도 줄곧 그의 정신을 갉아먹는 우울감과 불만만큼은 덜어내지 못했다. 어떤 시도에도 그의 기분은 나아지지 않았고 그렇게 시간은 흘러 어느덧 1768년 4월 초에 이르렀다. 이 무렵 그는 티소Tissot 박사와 혹스테틴Hockstettin 남작의 이해관계와 맞물려 하노버에 머물던 대영제국 왕의 주치의로 임명되었다. 그리하여 그해 7월 4일, 치머만은 브뤼그를 떠나 새 직장으로 향했다. 그곳에서 그는 다정한 아내를 잃고 깊은 슬픔에 빠졌다. 그의 아내는 오랜 시간 자신의 상태를 인내하고 체념한 끝에 1770년 6월 23일 치머만의 품에서 삶을 마감했다. 훗날 치머만은 이 사건을 매끄럽고도 감성적으로 기술해 냈다. 비단 아내뿐 아니라 치머만의 자식들 역시 그에겐 애달픈 괴로움과 깊은 고통의 원천이었다. 그의 딸은 아주 유아기 때부터 의학의 힘으로도 정복하지 못한 만성 폐결핵 증상에 시달리다 1781년 여름 숨을 거두었다. 역시나 그는 이 다정한 소녀의 성품과 우울한 사건을 마주한 아비의 괴로운 심정을 감동적으로 풀어냈다.

아들의 상태는 사랑하는 딸의 죽음보다 더 비참했다. 이 불운한 젊은이는 대학에 진학해 더없이 아름다운 상상의 나래를 펼친 동시에 학문에 대한 견고한 이해를 쌓아갔다. 그러나 아주 어릴 적부터 주기적으로 시달려 온 심한 만성 연주창 탓인지, 아니면 학업에 너무 정진해서인지, 병약하고 무기력한 상태에 빠져 지내다 1777년 12월 삶을 마감함으로써 주변인들을 더없는 슬픔에 빠뜨리고 만다.

이제 가정 내에서 치머만의 안식처는 거의 사라진 듯했다. 그러다 마침내 그는 당시 뤼넨부르크에서 왕의 주치의로 근무한 M. 베르거Berger의 딸이자 베르거 남작의 조카를 만나게 된다. 그녀는 모든 면에서 그를 만족시키기에 충분했으므로 둘은 1782년 10월 무렵 부부가 되기에 이른다. 치머만은 신부보다 거의 서른 살 연상이었지만, 그의 천재성과 분별력만큼은 시들 줄 몰랐다. 더욱이 둘의 성격은 지극히 닮은 데가 있었기에 나이 차가 문제시되진 않았다.

저명하면서도 그가 가장 아낀 '고독에 관한 작품' 역시 바로 이 시기에 탄생했으며, 이는 해당 주제에 관한 그의 첫 글이 발행된 지 30년 만에 있는 일이었다. 그 작품은 총 네 권의 책으로 그중 첫 두 권은 1784년에, 나머지 두 권은 1786년에 발간되었다. 티소는 작품에 대해 다음과 같이 말하고 있다. "실용성과 재미를 모두 갖춘 이 작품은 가장 절묘한 개념과 명철한 관찰력, 지극한 타당성을 두루 선보인다. 동시에 실례의 탁월한 선택과 (이 이상의 경의나 칭찬을 표현하기란 쉽지 않으므로 필요 이상으로 그를 추켜세우지 않으려 한다) 종교에 대한 지속적인 관심이 돋보이며 그를 감명케 한 성스럽고도 근엄한 진실이 담겨 있다."

1785년 가을, 실레지아에서 자신의 부대를 사열하던 프로이센의 왕은 심한 감기를 앓았다. 이는 곧 그의 폐에 영향을 미쳐 9개월 후에는 수종으로 발전했다. 1786년 6월 6일과 16일 두 번에 걸쳐 왕은 치머만에게 서신을 보내 자신을 수행하도록 했고, 같은 달 23일 치머만은 포츠담에 당도한다. 그러나 그는 왕이 거의 회복하지 못할 것이란 사실을 알아차리고는 증상을 완화시킬 약제를 처방한 후 7월 11일 하노버로 돌아간다. 그의 능력을 알아본 이는 비단 프리드리히Frederick 왕뿐만이 아니었다. 1788년 우울증을 앓던 영국 국왕의 상태는 주변 종속국과 전 유럽에 불안을 조성했다. 하노버 정부는 치머만을 런던과 가까운 네덜란드로 파견해 추후 그를 필요로 할 상황에 대비했다. 이후 그는 위협적 분위기가 완전히 가라앉을 때까지 헤이그에 머물렀다.

치머만은 새로이 부상한 철학자들의 위협적 신조를 밝히고, 독일의 왕족들에게 이 만만치 않은 세력을 저지하지 않음에 따른 위험을 알리고자 한 최초의 인물이기도 했다. 그는 여러 왕족을 설득하기에 이르렀고, 특히 레오폴트 2세Leopold II의 경우가 그러했다. 그는 공모자들을 두고 본다면 기독교 말살과 합법적 정부의 파괴가 야기될 것임을 왕에게 알렸다. 치머만의 이러한 노력 덕택에 제2의 조국을 위협하던 위험 요소는 줄어들었지만, 정작 그의 건강은 크게 손상되기에 이른다.

1794년 11월, 치머만은 잠시라도 제대로 휴식을 취하고자 강력한 아편에 손을 댄다. 이후 점차 식욕을 잃고 기운이 빠진 그는 쇠약해지고 수척해져만 갔다. 1795년, 치머만은 마차를 타고 가 환자 몇 명을 왕진했는데, 당시 그의 상태는 처방조차 제대로 쓰기 힘들 지경으로 병실로 올라가던 중에도 몇 번이고 정신을 잃었다. 이러한 증상은 결국 잦은 현기증으로 이어졌고 그는 결국 모든 업무를 중단해야 했다. 급기야 뇌의 축이 무너지기에 이르자 정신적으로 무능한 상태에 빠진 그는, 적이 집을 약탈하러 와 그와 가족들이 고통스럽고 궁핍한 상태에 빠지고 말 거라는 생각에 줄곧 사로잡혀 지냈다. 치머만의 의학 동기들 중에서도 특히 비흐만Wichman 박사는 그를 늘 곁에서 지켜보며 회복을 위한 충고와 조력을 아끼지 않았다. 박사는 여행과 기분 전환이 최고의 치료법이라 여겨 치머만을 홀슈타인 공작의 영지에 자리한 오이틴으로 보냈다. 그곳에서 석 달을 지낸 그는 1795년 6월경 하노버로 돌아왔고 상태가 크게 호전된 듯했다.

그러나 깊이 뿌리내린 치명적 병마를 완전히 물리치기엔 역부족이었다. 결국 얼마 지나지 않아 치머만은 다시 정신적 무능 상태에 빠져 버렸고, 수개월을 고통에 시달리며 간신히 목숨을 부지하면서도 약물 치료를 거부한 채 좀처럼 음식을 섭취하려 들지 않았다. 그는 줄곧 빈곤을 언급하며 그러한 환영에 사로잡혀 고통스러운 시간을 보냈다. 이따금씩 그가 제정신을 되찾는 듯할 때도 있었지만, 그건 단지 다가오는 자신의 죽음을 의식하기 위함이었다. 그는 종종 담당 주치의에게 이렇게 말하곤 했다. "난 아주 천천히 고통스럽게 죽게 될 것이오."

죽음을 대략 열네 시간쯤 앞두고 그는 이렇게 외쳤다. "날 내버려 둬. 난 죽어가고 있어." 1795년 10월 7일, 요한 치머만은 단 한 번의 신음 소리도 내지 않은 채 66년 10개월의 생을 마감했다. 쇠약해진 신체와 지친 정신이 마침내 묵직한 죽음 아래로 가라앉은 것이다.

옮긴이 이민정

계명대학교 영어영문학과를 졸업했고 통번역가로 일했다. 현재 번역에이전시 엔터스코리아에서 번역가로 활동 중이다. 옮긴 책으로는 《어린 왕자》, 《고독에 관하여》, 《지금보다 더 단단한 삶을 만드는 하루 한 장 필사》, 《데미안》, 《거의 모든 죽음의 역사》, 《당신이 마음껏 기적을 빚어낼 수 있도록》, 《힐링 에너지 공명》, 《스탠딩 톨》, 《내 남은 생의 모든 것》, 《파리에서 보낸 한 시간》, 《루이스 헤이의 긍정 수업: 하루 10분, 21일 만에 끝내는》, 《허클베리 핀의 모험(출간예정)》, 《벤자민 버튼의 시간은 거꾸로 간다》, 《지리학의 모든 것(출간예정)》 등이 있다.

솔리튜드 SOLITUDE

초판 1쇄 2025년 8월 28일

지은이 요한 G. 치머만
옮긴이 이민정

발행인 박장희
대표이사 겸 제작총괄 신용호
본부장 이정아
책임편집 이상민
기획위원 박정호
마케팅 김주희 이현지 한류아

디자인 어나더페이퍼

발행처 중앙일보에스㈜
주소 (03909) 서울 마포구 상암산로 48-6
등록 2008년 1월 25일 제2014-000178호
문의 jbooks@joongang.co.kr
홈페이지 jbooks.joins.com
인스타그램 @j__books

ISBN 978-89-278-1342-2 03100

- 이 책은 저작권법에 따라 보호받는 저작물이므로 무단 전재와 무단 복제를 금하며 책 내용의 전부 또는 일부를 이용하려면 반드시 저작권자와 중앙일보에스㈜의 서면 동의를 받아야 합니다.
- 책값은 뒤표지에 있습니다.
- 잘못된 책은 구입처에서 바꿔 드립니다.

중앙북스는 중앙일보에스㈜의 단행본 출판 브랜드입니다.